同一労働同一賃金

弁護士・
元労働基準監督官
中野公義[著]

JN026890

裁判所の判断がスグわかる本

日本法令®

.

はじめに

　本書の目的は、今後、短時間・有期雇用労働法8条の解釈・適用にあたり参考となる、旧労契法20条に関する次の7つの事件の最高裁判決を、分析的に検討し、その結果を示すものです。これらの最高裁判決から帰納的に得られた労働条件の相違が不合理と認められるかの判断手順の全体像は、次ページの図に示すとおりです。

1	ハマキョウレックス事件	平成30年6月1日最高裁判決
2	長澤運輸事件	平成30年6月1日最高裁判決
3	大阪医科薬科大学事件	令和2年10月13日最高裁判決
4	メトロコマース事件	令和2年10月13日最高裁判決
5	日本郵便（東京）事件	令和2年10月15日最高裁判決
6	日本郵便（大阪）事件	令和2年10月15日最高裁判決
7	日本郵便（佐賀）事件	令和2年10月15日最高裁判決

　本書の内容は、学者や他の法律実務家が示すものとは、一部異なる見解を含み、私見の域を出ないものも含まれるかもしれません。しかし、本書をご覧いただいた結果、その当否は別にして、7つの事件の最高裁判決及び確定した高裁判決の判断全体について、疑問点を残すことなく、整理して理解していただけるものと考えています。

　また、脱稿時点で最高裁判決が示されていない又は示されず確定した次の5つの高裁判決及び地裁判決についても、上記見解を踏まえて検討します。

1	九水運輸商事事件	平成30年9月20日福岡高裁判決
2	日本郵便（雇止め）事件	平成30年10月25日東京高裁判決
3	学校法人産業医科大学事件	平成30年11月29日福岡高裁判決
4	井関松山ファクトリー事件	令和1年7月8日高松高裁判決
5	井関松山製造所事件	令和1年7月8日高松高裁判決
6	名古屋自動車学校事件	令和2年10月28日名古屋地裁判決

◆労働条件の相違が不合理と認められるかの判断手順の全体像

Step1 相違のある労働条件（手当・制度）の特定

支給要件・支給事由・算定方法等

Step2 趣旨・目的・性質の決定

労働条件の趣旨・目的・性質に基づき、「考慮すべき事情」（評価根拠事実・評価障害事実）のスクリーニング

<趣旨・目的・性質の分類（例）>

1. 労務に直接関連のないもの
（夏期・冬期休暇等）

2. 就労の外形的事実に関連するもの
（精勤、割増率、通勤手当等）

3. 職務の内容に関連するもの
（無事故、作業、役職手当等）

4. 変更の範囲に関連するもの
（住宅手当、研修等）

5. 継続的な雇用の確保に関連するもの
（扶養手当、病気休暇等）

6. 有為人材確保・定着に関連するもの
（賞与、退職金等）

7. 労働条件の中核的なもの
（基本給）

Step3

不合理の評価根拠事実
（事情2、4、8…）

不合理の評価障害事実
（事情1、3、10…）

<当事者の主張・事情（例）>

1. 契約社員の雇用期間に定めがある事実

2. 相応の期間継続して勤務する見込み

3. 繁忙期のための短期間の勤務

4. 契約社員の職務の内容

5. 正社員Aの職務の内容と相違する事実（相違しない事実）

6. 正社員Bの職務の内容と大きく異なる事実

7. 契約社員の職務の変更の範囲

8. 正社員Aの変更の範囲と相違する事実（相違しない事実）

9. 正社員Bの変更の範囲と大きく異なる事実

10. 定年退職後の労働条件決定に伴う事情

11. 正社員の配置に起因する事情

12. 組織再編に伴う事情

13. 正社員登用制度及びその実績

14. その他代替する手当の支給等

Step4

「不合理」と認められるか？
損害と認められるか？

なお、本書において用いる次の用語の意味は、概ね以下のとおりです。また、本文中に引用された判決文に引かれている下線は全て筆者によるものです。その点ご留意ください。

用　語	意　味
無期雇用労働者 無期契約労働者 正社員 正職員 正規職員	期間の定めのない労働契約により使用される労働者
有期雇用労働者 有期契約労働者 契約社員 アルバイト職員 嘱託乗務員 嘱託社員 パート社員	期間の定めのある労働契約により使用される労働者
職務の内容	旧労契法20条の規定する「業務の内容及び当該業務に伴う責任の程度」
変更の範囲	旧労契法20条の規定する「職務の内容及び配置の変更の範囲」
その他の事情	旧労契法20条の規定する「その他の事情」
使用者	各事件で被告となった使用者
労働者	各事件で原告となった労働者

2021年6月　　弁護士　中野公義

掲載裁判例

通し番号	判決年月日			裁判所	事件名
1	H27	9	16	大津地裁彦根支部	ハマキョウレックス事件
	H28	7	26	大阪高裁	
	H30	6	1	最高裁	
2	H28	5	13	東京地裁	長澤運輸事件
	H28	11	2	東京高裁	
	H30	6	1	最高裁	
3	H30	1	24	大阪地裁	学校法人大阪医科薬科大学（旧大阪医科大学）事件
	H31	2	15	大阪高裁	
	R2	10	13	最高裁	
4	H29	3	23	東京地裁	メトロコマース事件
	H31	2	20	東京高裁	
	R2	10	13	最高裁	
5	H29	9	14	東京地裁	日本郵便（東京）事件
	H30	12	13	東京高裁	
	R2	10	15	最高裁	
6	H29	6	30	佐賀地裁	日本郵便（佐賀）事件
	H30	5	24	福岡高裁	
	R2	10	15	最高裁	
7	H30	2	2	大阪地裁	日本郵便（大阪）事件
	H31	1	24	大阪高裁	
	R2	10	15	最高裁	
8	H30	2	1	福岡地裁小倉支部	九水運輸商事事件
	H30	9	20	福岡高裁	
9	H29	9	11	東京地裁	日本郵便（休職）事件
	H30	10	25	東京高裁	
10	H29	10	30	福岡地裁小倉支部	学校法人産業医科大学事件
	H30	11	29	福岡高裁	
11	H30	4	24	松山地裁	井関松山製造所事件
	R1	7	8	高松高裁	
12	H30	4	24	松山地裁	井関松山ファクトリー事件
	R1	7	8	高松高裁	
13	R2	10	28	名古屋地裁	名古屋自動車学校事件

第3章　最高裁判決の示した判断（事例）

第4章　確定した高裁判決の判断

第5章　不法行為の成立

第1章

導　入

　本章は、本書で検討の対象とする最高裁判決を特定し、同判決がその判断に用いた法令（条文）について説明するものです。

　また、各最高裁判決の判断の特徴等について簡単にまとめていますので、これらの概要についてご存知でない方は、まず、こちらから読み始めてみてください。

　各最高裁判決について、その内容についてご存知の方は、次章以降で、興味のある箇所をご覧ください。

1 条文及び本書の対象とする最高裁判決

（1）同一労働・同一賃金とは

> **Q**：「同一（価値）労働・同一賃金」という言葉をスローガンに、非正規雇用の労働条件の改善が問題とされていますが、これはどのような意味で用いるものですか。
>
> **A**：最近では、短時間雇用労働者、有期雇用労働者及び派遣労働者の待遇改善が図られるべきという考えから使われる言葉で、日本では、法令等に定義ないし規定されるものではありません。

【問題の所在】

「同一労働・同一賃金」という言葉がありますが、これが法令に基づくものであれば、これに違反した場合のペナルティーの有無などが問題となります。

【厚生労働省HP】

厚生労働省のホームページ（https://www.mhlw.go.jp/stf/seisakunitsuite/bunya/0000144972.html）には、「同一労働同一賃金」について、次のような記載があります。

> 「同一労働同一賃金の導入は、同一企業・団体におけるいわゆる正規雇用労働者（無期雇用フルタイム労働者）と非正規雇用労働者（有期雇用労働者、パートタイム労働者、派遣労働者）の間の不合理な待遇差の解消を目指すものです。」

この概念は、国際労働機関（ILO）が用いているもので、元々は、男女間の賃金格差に基づく差別解消を主な目的として用いられているものです。それを受けて、労働基準法4条が「使用者は、労働者が女性であることを理由として、賃金について、男性と差別的取扱いをしてはならない。」と規定しています。

また、雇用の分野における男女の均等な機会及び待遇の確保等を図る目的で「雇用の分野における男女の均等な機会及び待遇の確保等に関する法律」も制定されていますが、上記、厚生労働省のHPに掲載のある、非正規雇用労働者の不合理な待遇差を解消することを目的として、これを定義し、事業主の義務として規定する法律はありません。

そのため、日本においては、「同一労働・同一賃金」が労働関係を規律する一般的な法規範として存在しているものとは認められていません。

しかし、終身雇用制及び年功序列賃金が長く続いてきた日本の社会において、現在では、労働者全体の約4割を占めるに至った非正規雇用労働者について、その待遇を改善する必要性は否定されるものではなく、むしろ急務な課題とされています。

そのため、「不合理な労働条件の相違」を禁止するための法改正等が行われるに至りました。

（2）短時間・有期労働法8条、派遣法

> Ｑ：非正規雇用労働者の待遇を改善することを目的とした法律としては、どのようなものがありますか。
>
> Ａ：短時間・有期雇用労働法8条及び派遣法30条の3があります。

働き方改革関連法により法改正がなされ、大企業については令和2年

4月1日から、中小企業については令和3年4月1日から次の法条が適用され、不合理な待遇の相違が禁止されることとなります。また、これに備えて、平成30年12月28日、厚生労働省からはガイドライン（厚生労働省告示第430号）も示されました。

【短時間労働者及び有期雇用労働者の雇用管理の改善等に関する法律（短時間・有期雇用労働法）】

（不合理な待遇の禁止）

第8条　事業主は、その雇用する短時間・有期雇用労働者の基本給、賞与その他の待遇のそれぞれについて、当該待遇に対応する通常の労働者の待遇との間において、当該短時間・有期雇用労働者及び通常の労働者の業務の内容及び当該業務に伴う責任の程度（以下「職務の内容」という。）、当該職務の内容及び配置の変更の範囲その他の事情のうち、当該待遇の性質及び当該待遇を行う目的に照らして適切と認められるものを考慮して、不合理と認められる相違を設けてはならない。

【労働者派遣事業の適正な運営の確保及び派遣労働者の保護等に関する法律（派遣法）】

（不合理な待遇の禁止等）

第30条の3　派遣元事業主は、その雇用する派遣労働者の基本給、賞与その他の待遇のそれぞれについて、当該待遇に対応する派遣先に雇用される通常の労働者の待遇との間において、当該派遣労働者及び通常の労働者の職務の内容、当該職務の内容及び配置の変更の範囲その他の事情のうち、当該待遇の性質及び当該待遇を行う目的に照らして適切と認められるものを考慮して、不合理と認められる相違を設けてはならない。

2　派遣元事業主は、職務の内容が派遣先に雇用される通常の労働者

と同一の派遣労働者であつて、当該労働者派遣契約及び当該派遣先
における慣行その他の事情からみて、当該派遣先における派遣就業
が終了するまでの全期間において、その職務の内容及び配置が当該
派遣先との雇用関係が終了するまでの全期間における当該通常の労
働者の職務の内容及び配置の変更の範囲と同一の範囲で変更される
ことが見込まれるものについては、正当な理由がなく、基本給、賞
与その他の待遇のそれぞれについて、当該待遇に対応する当該通常
の労働者の待遇に比して不利なものとしてはならない。

（3）旧労契法20条及び本書の対象とする
　　最高裁判決

> **Q**：働き方改革関連法により改正される前の労働契約法20条とは、どのようなものですか。
>
> **A**：無期雇用労働者と有期雇用労働者との労働条件について、不合理な相違を禁止したもので、上記法改正により、短時間・有期雇用労働法（旧パート法）8条に承継されました。

　平成25年4月1日から、働き方改革関連法による改正法（短時間・有
期雇用労働法8条）が施行される（大企業は令和2年3月31日、中小企
業は令和3年3月31日）まで、労働契約には次の改正前の労働契約法20
条（旧労契法20条）が適用され、無期雇用労働者と有期雇用労働者との
労働条件の不合理な相違が禁止されていました。

【旧労契法20条】
第20条　有期労働契約を締結している労働者の労働契約の内容である
　　労働条件が、期間の定めがあることにより同一の使用者と期間の定

めのない労働契約を締結している労働者の労働契約の内容である労働条件と相違する場合においては、当該労働条件の相違は、労働者の業務の内容及び当該業務に伴う責任の程度（以下この条において「職務の内容」という。）、当該職務の内容及び配置の変更の範囲その他の事情を考慮して、不合理と認められるものであってはならない。

【本書の対象とする最高裁判決】

　前述のように、短時間・有期雇用労働法8条等が施行されることとなりますが、その判断については、ガイドラインが出されているものの、未だ裁判例が存在しません。

　しかし、短時間・有期雇用労働法8条は、旧労契法20条を承継したものと理解されており、その解釈は、改正後の同条に引き継がれ、あるいは参考とされることが当然予想されます。

　そのため、本書では、旧労契法20条の適用が問題となり、いずれも最高裁の判断が示された次の7つの事件について、その内容の分析的な検討を試みるものです。

　最高裁判決が、「不合理」と認められるかを判断するために、どのような判断枠組・規範を示し、その結果どのような結論を示したかをみていくことが、本書の主な内容です。また、それを理解するために、必要な限りにおいて、各高裁判決の判断についても検討するものです。

ハマキョウレックス事件	平成27年9月16日大津地裁彦根支部判決
	平成28年7月26日大阪高裁判決
	平成30年6月1日最高裁判決
長澤運輸事件	平成28年5月13日東京地裁判決
	平成28年11月2日東京高裁判決

	平成30年6月1日最高裁判決
大阪医科薬科大学事件	平成30年1月24日大阪地裁判決 平成31年2月15日大阪高裁判決 令和2年10月13日最高裁判決
メトロコマース事件	平成29年3月23日東京地裁判決 平成31年2月20日東京高裁判決 令和2年10月13日最高裁判決
日本郵便（東京）事件	成29年9月14日東京地裁判決 平成30年12月13日東京高裁判決 令和2年10月15日最高裁判決
日本郵便（大阪）事件	平成30年2月2日大阪地裁判決 平成31年1月24日大阪高裁判決 令和2年10月15日最高裁判決
日本郵便（佐賀）事件	平成29年6月30日佐賀地裁判決 平成30年5月24日福岡高裁判決 令和2年10月15日最高裁判決

2 各事件の概要及び特徴

（1）ハマキョウレックス事件

> Ｑ：ハマキョウレックス事件とはどのような事案で、どのような
> 特徴がありますか。
>
> Ａ：旧労契法20条に関する事件のうち、最初に最高裁判決が出さ
> れたもので、同条の趣旨や同条違反の判断方法を示すなどし
> た先例的意義のあるものと捉えられています。また、事実関
> 係として、有期雇用労働者と無期雇用労働者との職務の内容
> に相違はなく、変更の範囲について相違があったという点が、
> 事件の特徴といえます。

【事案の概要】

　ハマキョウレックス事件は、一般貨物自動車運送事業を行う使用者に
おいて、トラック運転手として雇用されていた契約社員が、正社員との
労働条件との間で、無事故手当、作業手当、給食手当、住宅手当、皆勤
手当、家族手当、賞与、定期昇給及び退職金について、旧労契法20条に
違反する相違があると主張して提訴した事件です。

　最高裁は、このうち、次の各手当について旧労契法20条に違反するか
どうか「不合理と認められるもの」と評価できるかどうかを判断し、不
合理と認められるものに関し、損害賠償請求を認めました。

・不合理と認められる
　　皆勤手当、無事故手当、作業手当、給食手当、通勤手当

・不合理とは認められない

　住宅手当

ハマキョウレックス事件

	相違のある労働条件	大阪高裁	最高裁	最高裁判決又は確定した高裁判決の判断理由
1	皆勤手当	×	不合理	【趣旨】皆勤を奨励する趣旨 【理由】出勤する者を確保する必要性は異ならない
2	住宅手当	×	×	【趣旨】住宅に要する費用を補助する趣旨 【理由】配置変更の転居により住宅費用が多額となり得る
3	無事故手当	不合理	不合理	【趣旨】優良ドライバーの育成・顧客の信頼獲得 【理由】安全運転等の必要性は異ならない
4	作業手当	不合理	不合理	【趣旨】特定の作業の対価 【理由】職務の内容が異ならない
5	給食手当	不合理	不合理	【趣旨】勤務時間中の食事の費用補助 【理由】勤務時間中に食事を取る必要性は異ならない
6	通勤手当	不合理	不合理	【趣旨】通勤に要する交通費を補填する趣旨 【理由】通勤に要する費用は異ならない
7	家族手当	×	判断せず	就業規則が補充的効力を有しないため地位確認を求めることはできず、不合理性の判断をするまでもなく請求は認められない
8	一時金の支給			
9	定期昇給			
10	退職金の支給			
	・「×」は不合理と認めなかったもの ・「不合理」は不合理と認めたもの ・「判断せず」は最高裁が上告審として判断を示さなかったもの			

【判断の特徴】

　旧労契法20条に関する最初の最高裁判決として示した同条の解釈等について先例的な価値があり、それ以降に出された同条に関する裁判例では、この事件の最高裁判決を引用するものがほとんどです。

　また、この事件では、旧労契法20条の規定する「職務の内容」について有期雇用労働者と無期雇用労働者との間で相違があるとは認めていませんが、変更の範囲について、転勤の予定の有無について相違があることが認められており、その点が、事件の特徴として挙げられます。

（2）長澤運輸事件

> **Q**：長澤運輸事件とはどのような事案で、どのような特徴がありますか。
>
> **A**：旧労契法20条に関する各裁判例のうち、ハマキョウレックス事件と同じ日に出された最高裁判決で、定年退職後に再雇用された有期雇用労働者について、そのことを踏まえて労働条件が設定されたことを考慮して判断した点に特徴があります。

【事案の概要】

　長澤運輸事件は、セメント等の輸送事業を行う使用者において、トラック運転手として雇用されていた正社員が、定年退職後再雇用され嘱託乗務員として稼働していたところ、無期雇用労働者の労働条件との間に、精勤手当、時間外手当と超勤手当の相違、能率給、職務給、住宅手当、家族手当、役付手当及び賞与について、旧労契法20条に違反する相違があると主張して提訴した事件です。

　最高裁は、精勤手当及び時間外手当と超勤手当の相違について不合理

長澤運輸事件

	相違のある労働条件	東京高裁	最高裁	最高裁判決又は確定した 高裁判決の判断理由
1	精勤手当		不合理	【趣旨】 1日も欠かさず出勤することを奨励する趣旨 【理由】 皆勤を奨励する必要性に相違はない
2	時間外手当（＊）		不合理	【趣旨】 労働基準法所定の割増賃金を支払う趣旨 【理由】 割増賃金の計算方法を正社員とそれ以外で区別していない
3	能率給	労働契約法20条に違反するものとは認められない	×	【趣旨】 歩合給 【理由】 支給される合計額及び労使交渉等を総合考慮
4	職務給		×	【趣旨】 歩合給 【理由】 支給される合計額及び労使交渉等を総合考慮
5	住宅手当		×	【趣旨】 住宅費の負担に対する補助 【理由】 定年退職者であり年金の受給予定等を考慮
6	家族手当		×	【趣旨】 家族を扶養するための生活費に対する補助 【理由】 定年退職者であり年金の受給予定等を考慮
7	役付手当		×	【趣旨】 正社員の役付者であることに対する手当 【理由】 年功給等の性質ではなく嘱託乗務員は役付者とならない
8	賞与		×	【趣旨】 多様な趣旨を含み得るもの 【理由】 定年退職者であり年金の受給予定等を考慮

・「×」は不合理と認めなかったもの
・「不合理」は不合理と認めたもの
・「判断せず」は最高裁が上告審として判断を示さなかったもの

＊ 嘱託乗務員の時間外手当の基礎に精勤手当を含めて計算しないことの相違についての判断

と認められるものにあたると判断し、それに関し、損害賠償請求を認めました。

【判断の特徴】

　この事件では、職務の内容及び変更の範囲について、有期雇用労働者と無期雇用労働者との間で相違があるとは認められず、有期雇用労働者が定年退職後に再雇用されたものであったという点に特徴がありました。

　その上で、最高裁判決は、不合理と認められるかを判断するにあたり考慮すべき事情として、職務の内容及び変更の範囲に関連するものに限定すべきではないとの解釈を示し、定年退職後に再雇用された（正確には、そのことを前提に労働条件が設定された）という事実が考慮されるべきとしたものです。

（3）大阪医科薬科大学事件

> **Q**：大阪医科薬科大学事件とはどのような事案で、どのような特徴がありますか。
>
> **A**：賞与が支給されないことが不合理と認められるかどうかが判断対象となった事件で、結論として、不合理と認められるものにはあたらないとしましたが、賞与の趣旨（目的・性質）について、メトロコマース事件の退職金と同様に、正職員として有為な人材の確保等であったことを認めた点に特徴があります。

【事案の概要】

　大阪医科薬科大学事件は、大学及び同附属病院等を運営する学校法人である使用者において、大学の教室事務員として稼働していたアルバイト職員が、正職員の労働条件との間に、賞与、私傷病による欠勤中の賃

金、基本給、年末年始・創立記念日の休日における賃金、年次有給休暇の日数、夏期特別有給休暇及び附属病院の医療費補助措置について、旧労契法20条に違反する相違があると主張して提訴した事件です。

　最高裁は、これらの手当等のうち、賞与の不支給及び私傷病による欠勤中の賃金の相違について旧労契法20条に違反する「不合理と認められるもの」と評価できるかどうかを判断し、いずれについても不合理と認められるものにあたらないと判断しました。

大阪医科薬科大学事件

	相違のある労働条件	大阪高裁	最高裁	最高裁判決又は確定した高裁判決の判断理由
1	賞与	不合理（＊1）	×	【趣旨】正職員としての職務を遂行し得る人材の確保等の目的 【理由】人員配置の見直し等に起因する事情を考慮
2	私傷病による欠勤中の賃金	不合理（＊2）	×	【趣旨】正職員の生活保障、雇用の維持・確保目的 【理由】長期雇用を予定せず、勤続期間も長期間とはいえない
3	基本給	×	判断せず	・アルバイト職員に時給制を採用したことは不合理でない ・賃金水準に一定の相違が生ずることも不合理でない
4	年末年始・創立記念日の休日における賃金	×		・相違が生じるのは月給制と時給制の違いの帰結 ・時給制を採用すること自体は不合理でない
5	年休の日数	×		・年休の算定方法の相違による日数（1日分）の差 ・年休手続の省力化や事務の簡便化のためで不合理でない
6	夏期特別有給休暇	不合理		【趣旨】夏の時期に心身のリフレッシュを図るため 【理由】夏期の疲労を感ずることに相違はない

	相違のある労働条件	大阪高裁	最高裁	最高裁判決又は確定した 高裁判決の判断理由
7	医療費補助措置	×	判断せず	・労働契約の内容（労働条件） ではない ・労働条件であっても使用者に 広範な裁量が認められる

・「×」は不合理と認めなかったもの
・「不合理」は不合理と認めたもの
・「判断せず」は最高裁が上告審として判断を示さなかったもの

＊1　正社員の支給額の60％を下回る限りで不合理と判断
＊2　雇用期間1年の4分の1（3か月）を下回る支給しかしないときは不合理と判断

【判断の特徴】

　この事件では、原審である大阪高裁判決が、賞与について無期雇用労働者の支給基準の60％を下回る部分の相違については旧労契法20条に違反すると判断したのに対して、最高裁判決は、割合的に不合理と認めることが許容されるかどうかについて判断を示すことなく、原審の判断を覆して、不合理と認められるものにあたらないと判断したものです。

　そして、最高裁判決が、ハマキョウレックス事件と長澤運輸事件において、各手当を支給する趣旨として、有為な人材を確保する目的という使用者の主張を認めていなかったところ、この事件では、賞与について、正職員としての職務を遂行し得る人材の確保やその定着を図るなどの目的で支給するものと認めた点に特徴があります。

　また、正職員について、配置先によって業務の内容が異なることや、アルバイト職員の業務の内容と共通する内容が多い正職員がわずかだったことや、原告であるアルバイト職員が休職したことなどの具体的な就労実態を考慮した点にも特徴があります。

（4）メトロコマース事件

> **Q**：メトロコマース事件とはどのような事案で、どのような特徴がありますか。
>
> **A**：退職金が支給されないことが不合理と認められるかどうかが判断対象となった事件で、結論として、不合理と認められるものにはあたらないとしましたが、退職金の趣旨（目的・性質）、について、大阪医科薬科大学事件の賞与と同様に、正社員として有為な人材の確保等であったことを認めた点に、特徴があります。

【事案の概要】

　メトロコマース事件は、地下鉄（東京メトロ）の駅構内における物品の販売等の業務を親会社である東京メトロから受託して行う使用者において、駅構内の売店における販売業務に従事していた契約社員が、正社員の労働条件との間に、基本給及び資格手当、住宅手当、賞与、退職金、褒賞並びに早出残業手当について、旧労契法20条に違反する相違があると主張して提訴した事件です。

　最高裁は、これらの手当等のうち、退職金の不支給について旧労契法20条に違反する「不合理と認められるもの」と評価できるかどうかを判断し、不合理と認められるものにあたらないと判断しました。

【判断の特徴】

　この事件では、原審である東京高裁判決が、退職金について無期雇用労働者と同一の基準に基づいて算定した額の４分の１に相当する額すら支給しないことは不合理であり旧労契法20条に違反すると判断したのに対して、最高裁判決は、割合的に不合理と認めることが許容されるかど

メトロコマース事件

	相違のある労働条件	東京高裁	最高裁	最高裁判決又は確定した 高裁判決の判断理由
1	退職金	不合理 （＊）	×	【趣旨】正社員としての職務を遂行し得る人材の確保等の目的 【理由】組織再編等に起因する事情を考慮
2	本給	×	判断せず	・相違する賃金体系を設けることも人事施策上の判断 ・具体的な相違の割合を考慮
3	資格手当	×		【趣旨】職務毎の資格を対象として支給される手当 【理由】正社員と同様の資格を設けることは困難
4	住宅手当	不合理		【趣旨】住宅費を中心とした生活費を補助する趣旨 【理由】正社員の住宅費が多額となり得る事情はない
5	賞与	×		【趣旨】様々な趣旨を含みうる、人事施策上の目的 【理由】一定額の支給があること等を考慮
6	褒賞	不合理		【趣旨】「顕著な功績」という要件は形骸化 【理由】一定期間勤続する限りでは相違はない
7	早出残業手当	不合理		【趣旨】労働基準法所定の割増賃金の支払い 【理由】相違を設けるだけの積極的な理由がない

・「×」は不合理と認めなかったもの
・「不合理」は不合理と認めたもの
・「判断せず」は最高裁が上告審として判断を示さなかったもの

＊　正社員と同一の基準に基づいて算定した額の4分の1を下回る限りで不合理と判断

うかについて判断を示すことなく、原審の判断を覆して、不合理と認められるものにあたらないと判断したものです。

そして、最高裁判決が、ハマキョウレックス事件と長澤運輸事件において、各手当を支給する趣旨として、有為な人材を確保する目的という使用者の主張を認めていなかったところ、この事件では、賞与について、正職員（無期雇用労働者）としての職務を遂行し得る人材の確保やその定着を図るなどの目的で支給するものと認めた点に特徴があります。

なお、同事件・最高裁判決には、結論に賛成する意見と、反対する意見それぞれが付されましたが、いずれも、退職金について、原資を積み立てるなどの必要性から、使用者の裁量判断を尊重する余地があることについては認めています。

（5）日本郵便（東京・大阪・佐賀）事件

> **Q**：日本郵便事件とはどのような事案で、どのような特徴がありますか。
>
> **A**：東京、大阪及び佐賀の各地裁において、共通の使用者（日本郵便株式会社）に対して提訴され、各種手当及び各種休暇の相違が不合理と認められるかが判断対象となった同種の事案で、契約が更新され「相応に継続的な勤務」が見込まれる場合にそれを理由に扶養手当等の不支給を不合理と判断した点に特徴があります。

【事案の概要】

日本郵便事件は、郵便局を設置して、郵便の業務、銀行窓口業務、保険窓口業務等を営んでいる使用者において、郵便局における配達業務等に従事していた契約社員が、正社員の労働条件との間に、外務業務手当、郵便外務業務精通手当、年末年始勤務手当、早出勤務等手当、祝日給、

夏期年末手当、住居手当、扶養手当、夏期冬期休暇、病気休暇について、旧労契法20条に違反する相違があると主張して、東京地裁、大阪地裁及び佐賀地裁にそれぞれ提訴した事件です。

　最高裁は、各事件において、このうち、次の各手当について旧労契法20条に違反する「不合理と認められるもの」と評価できるものと判断し、損害賠償請求を認めました。ただし、日本郵便（東京）事件及び日本郵便（大阪）事件における夏期冬期休暇の相違については、それぞれの原審判決（高裁における控訴審判決）において不合理と判断されたものについて、財産的損害が生じたと認められるかという点について判断が示されたものです。

① 日本郵便（東京）事件
　年末年始勤務手当、病気休暇
　夏期冬期休暇

② 日本郵便（大阪）事件
　年末年始勤務手当、祝日給、扶養手当
　夏期冬期休暇

③ 日本郵便（佐賀）事件
　夏期冬期休暇

【判断の特徴】
　この事件では、各事件の原審である東京高裁、大阪高裁及び福岡高裁の各判決において同じ判断に至ったもの（住宅手当、病気休暇）や、一見して異なった判断がされたと思われるもの（祝日給）がありました。
　その中で、最高裁が上告理由として受理せずに各高裁判決の判断が確

日本郵便事件

	相違のある労働条件	各高裁		最高裁	最高裁判決又は確定した高裁判決の判断理由
1	年末年始勤務手当	（東京）	不合理	不合理	【趣旨】多くの労働者にとって休日である期間の勤務の対価 【理由】支給趣旨は契約社員にとっても妥当する
		（大阪）	不合理（＊1）	不合理（＊2）	
2	年始期間の祝日給（＊3）	（大阪）	不合理（＊1）	不合理（＊2）	【趣旨】最繁忙期の勤務の代償 【理由】契約期間が繁忙期に限られず業務の繁閑に関わらない勤務が見込まれている
3	病気休暇	（東京）	不合理	不合理	【趣旨】継続的な雇用を確保するという目的 【理由】相応に継続的な勤務が見込まれている
		（大阪）	不合理（＊1）	判断せず	
4	扶養手当	（大阪）	×	不合理	【趣旨】継続的な雇用を確保するという目的 【理由】相応に継続的な勤務が見込まれている
5	夏期・冬期休暇	（東京）	不合理	判断せず（＊4）	【趣旨】労働から離れ心身の回復を図る目的 【理由】契約期間が繁忙期に限られず業務の繁閑に関わらない勤務が見込まれている
		（大阪）	不合理（＊1）		
		（福岡）	不合理	不合理	
6	基本給・通勤費	（福岡）	×	判断せず	・給与体系が月給制と時給制であることに起因する相違 ・勤務体制が異なり給与体系の相違も不合理とは認められない
7	夏期年末手当（賞与）	（東京）	×	判断せず	・功労報償的な性格や将来の労働への意欲向上としての性格 ・有為な人材の獲得・定着を図る必要性、使用者の広い裁量 ・労使交渉により臨時手当が支給されている
		（大阪）			
		（福岡）			
8	住居手当	（東京）	不合理	判断せず	【趣旨】住宅費用の負担軽減、長期的な勤務雇用確保の福利厚生 【理由】配置転換のない正社員にも支給されている
		（大阪）			

	相違のある労働条件	各高裁		最高裁	最高裁判決又は確定した高裁判決の判断理由
9	外務業務手当	（東京） （大阪） （福岡）	×	判断せず	【趣旨】外務職の賃金額の激変緩和目的 【理由】激変緩和の対象にあたらず、外務業務について基本給の加算がされている
10	早出勤務等手当	（東京） （大阪） （福岡）	×	判断せず	【趣旨】労基法の割増賃金とは別に早朝・深夜帯勤務への配慮目的 【理由】これと異なる手当の支給があり支給要件も異なる
11	祝日給（＊5）	（東京） （大阪） （福岡）	×	判断せず	【趣旨】正社員の賃金体系に由来する正社員間の公平のため 【理由】勤務体制の相違によるものであり割増率は異なるも処遇上の相違はない
12	夜間特別勤務手当	（東京）	×	判断せず	【趣旨】正社員間の夜間勤務の有無で公平を図るため 【理由】契約社員は勤務時間帯を特定して契約を締結している
13	郵便外務業務精通手当	（東京） （大阪） （福岡）	×	判断せず	【趣旨】同業務への従業員の職務能力の程度に応じて支給 【理由】契約社員へも職務能力に応じて基本給等が設定されている

・「×」は不合理と認めなかったもの
・「不合理」は不合理と認めたもの
・「判断せず」は最高裁が上告審として判断を示さなかったもの

＊1　大阪高裁判決は、契約期間が5年を超えた以降に支給しない場合を不合理と判断
＊2　最高裁判決は、契約期間により制限せずに不合理と判断
＊3　祝日給は、祝日勤務時、正社員に時間単価の135%が支給されるもの。勤務日以外の祝日に勤務した契約社員には祝日給はなく35%の割増があるが、年始期間（1/2、1/3）の勤務に正社員は祝日給があるも、契約社員に35%の割増がなく、その点の相違について判断
＊4　最高裁判決は、不合理と認められるかどうかについては判断せず、それにより「損害」が生じたかどうかについて判断
＊5　契約社員が勤務日外の祝日勤務に35%の割増があることと上記＊3の祝日勤務した正社員に対する祝日給との相違それ自体の判断

定したものも含め、最高裁が、全ての手当について統一的な判断を示したというものではありませんでしたが、日本郵便（東京）事件・最高裁判決では、病気休暇が有給でないこと及び日本郵便（大阪）事件・最高裁判決では、扶養手当が支給されないことのいずれについても、契約が更新され「相応に継続的な勤務」が見込まれることを理由に不合理と認めました。

　また、契約社員について有給の夏期冬期休暇がなかったことについて、各高裁判決は、いずれも不合理であるとしながら、東京高裁判決は、他の２事件と異なり、これにより不法行為における損害が生じたものとは判断しませんでした。そのため、各最高裁判決は、民法709条の解釈ではありますが、当該相違により財産的損害が生じたものと認め、統一的な判断を示しました。

3 ガイドライン

> **Q**：旧労契法20条が短時間・有期雇用労働法8条に承継されたとのことですが、同条による「不合理」の判断について、最高裁判決以外に参考となるものはありませんか。
>
> **A**：厚生労働省告示第430号として、ガイドラインが作成されています。

【ガイドライン】

　厚生労働大臣は、平成30年12月28日、厚生労働省告示第430号として、「短時間・有期雇用労働者及び派遣労働者に対する不合理な待遇の禁止等に関する指針」を示しました。

　その目次を示すと以下のとおりです。

<目　次>
第1　目　的
第2　基本的な考え方
第3　短時間・有期雇用労働者
　1　基本給
　2　賞　与
　3　手　当
　4　福利厚生
　5　その他
第4　派遣労働者

　ガイドラインの中で、各種手当について考え方が示されていますが、ハマキョウレックス事件・最高裁判決が判断した住宅手当や日本郵便（大阪）事件・最高裁判決が判断した扶養手当（家族手当）に関する記載が含まれていないため、同事件の判断が参考となると考えられています。

【時系列】

　以上までに述べた、旧労契法20条ないし短時間・有期雇用労働法8条の改正までに関する主な出来事を時系列で並べると次のとおりです。

平成25年4月1日	旧労契法20条施行
平成30年6月1日	ハマキョウレックス事件・最高裁判決
平成30年6月1日	長澤運輸事件・最高裁判決
平成30年6月29日	働き方改革関連法成立（短時間・有期雇用労働法8条　改正）
平成30年7月6日	働き方改革関連法公布
平成30年12月28日	厚生労働省告示第430号（短時間・有期雇用労働者及び派遣労働者に対する不合理な待遇の禁止等に関する指針）

令和2年4月1日	短時間・有期雇用労働法8条の施行（大企業）
令和2年10月13日	大阪医科薬科大学事件・最高裁判決
	メトロコマース事件・最高裁判決
令和2年10月15日	各日本郵便事件・最高裁判決
令和3年4月1日	短時間・有期雇用労働法8条の施行（中小企業）

第2章
最高裁判決の示した判断
（法令の解釈等）

　本章は、旧労契法20条の解釈や、同条の「不合理」を判断するにあたっての判断枠組み及び実際に各種労働条件の相違を判断する際に考慮すべき事項等について、最高裁判決が示し、又はそのように理解し得る一般的なルール・規範を取り上げて説明するものです。

　本章及び次章では、7つの事件の最高裁判決を分析した結果に基づく筆者の見解にしたがった説明を行うものです。

　そのため、一部、学者や法律実務家が法律雑誌等で明らかにした見解と相違するものもありますが、本書の性質上、筆者の見解を主として示し、それと異なる見解があれば、それについても示しています。

　その上で、筆者がなぜそのような見解に至ったかについて説明をしています。

1 条文の解釈等

（1）旧労契法20条の解釈　～趣旨・均衡待遇～

> **Q**：旧労契法20条はどのような目的で規定されたものですか。
>
> **A**：裁判所は、有期雇用労働者と無期雇用労働者との均衡の取れた処遇を求める規定と解しています。

【問題の所在】

　条文の解釈によっては、同条違反の成否や、それにより認められる権利義務に違いが生じることがあるため、その趣旨や目的をどのように解釈するかが問題となります。

最高裁判決

　ハマキョウレックス事件・最高裁判決は「同条は、有期契約労働者については、……無期契約労働者……と比較して合理的な労働条件の決定が行われにくく、両者の労働条件の格差が問題となっていたこと等を踏まえ、有期契約労働者の公正な処遇を図るため、その労働条件につき、期間の定めがあることにより不合理なものとすることを禁止したものである。」「同条は、有期契約労働者と無期契約労働者との間で労働条件に相違があり得ることを前提に、職務の内容、当該職務の内容及び配置の変更の範囲その他の事情……を考慮して、その相違が不合理と認められるものであってはならないとするものであり、職務の内容等の違いに応じた均衡のとれた処遇を求める規定であると解される。」と述べていま

す。

　長澤運輸事件・最高裁判決も同様のことを述べています。

【補足説明】

　上記最高裁判決の示した解釈からすれば、無期雇用労働者と有期雇用労働者との労働条件に相違があること自体は許容されることとなり、ただそれが不合理なものであってはいけないものとなります。

　そうすると、無期雇用労働者に支払われ、有期雇用労働者に支払われない手当がある場合、それを廃止することで旧労契法20条違反を解消することが可能となります（なお、このような対応は、ガイドラインでは「望ましい対応とはいえない」と指摘されています）。

　これとは異なり、最高裁判決が、同条について、有期雇用労働者がいわゆる非正規労働者として労働条件が（相対的にではなく絶対的に）低く設定されること自体を問題とする規定であると解したとすれば、無期雇用労働者の労働条件との相違それ自体が大きな問題にはならないこととなります（言い換えれば、有期雇用労働者の職務の内容等の対価としての労働条件が不合理なものであるかが問題になることとなります。この場合であれば、無期雇用労働者の手当を廃止しても違法状態は解消されません）。

　このように、条文の趣旨をどのように解釈するかは、それに違反するかどうかの判断枠組みや、その条文に違反した場合の権利法律関係がどのようになるかの判断に影響を与えることとなります。

　最高裁判決が上記のような解釈をとったことから、後述（52頁以下）のように、無期雇用労働者と有期雇用労働者の職務の内容等の事情を考慮して、労働条件の相違が不合理でないか、均衡のとれたものであるかどうかを判断することとなります。

（2）対象となる労働条件　〜賞与は？退職金は？〜

> **Q**：旧労契法20条では、手当の支給の有無だけが対象となりますか。
>
> **A**：手当の有無に限らず、賞与、退職金、基本給、福利厚生その他あらゆる労働条件の相違がその対象となります。

【問題の所在】

　有期雇用労働者と無期雇用労働者の労働条件の相違については、長期雇用を前提とした賞与や退職金は対象にならないようにも思われますが、同条の「労働条件」に限定がない以上、これらも判断対象に含まれるのでしょうか。

最高裁判決：賞与

　大阪医科薬科大学事件・最高裁判決は「労働契約法20条は、有期労働契約を締結した労働者と無期労働契約を締結した労働者の労働条件の格差が問題となっていたこと等を踏まえ、有期労働契約を締結した労働者の公正な処遇を図るため、その労働条件につき、期間の定めがあることにより不合理なものとすることを禁止したものであり、両者の間の労働条件の相違が賞与の支給に係るものであったとしても、それが同条にいう不合理と認められるものに当たる場合はあり得るものと考えられる。」と述べています（なお、結論としては、本件では、賞与を支給しないことを不合理であるとは認めませんでした）。

最高裁判決：退職金

　メトロコマース事件・最高裁判決は「労働契約法20条は、有期契約労働者と無期契約労働者の労働条件の格差が問題となっていたこと等を踏

まえ、有期契約労働者の公正な処遇を図るため、その労働条件につき、期間の定めがあることにより不合理なものとすることを禁止したものであり、両者の間の労働条件の相違が退職金の支給に係るものであったとしても、それが同条にいう不合理と認められるものに当たる場合はあり得るものと考えられる。」と述べています（なお、結論としては、本件では退職金を支給しないことを不合理であるとは認めませんでした）。

最高裁判決：夏期冬期休暇

　日本郵便（佐賀）事件・最高裁判決は「郵便の業務を担当する正社員に対して夏期冬期休暇を与える一方で、郵便の業務を担当する時給制契約社員に対して夏期冬期休暇を与えないという労働条件の相違は、労働契約法20条にいう不合理と認められるものに当たると解するのが相当である。」と述べ、無期雇用労働者に対して与えられる有給の夏期冬期休暇が有期雇用労働者に与えられないことを不合理であると認めました。

　日本郵便（東京）事件及び日本郵便（大阪）事件の各最高裁判決も同様に判断しました。

最高裁判決：病気（有給）休暇

　日本郵便（東京）事件・最高裁判決は「私傷病による病気休暇として、郵便の業務を担当する正社員に対して有給休暇を与えるものとする一方で、同業務を担当する時給制契約社員に対して無給の休暇のみを与えるものとするという労働条件の相違は、労働契約法20条にいう不合理と認められるものに当たると解するのが相当である。」と述べ、私傷病に対する休暇が無期契約労働者か有期契約労働者かを問わず与えられるとしても、それが有給であるか無給であるかという相違がある点については不合理であると認めました。

【補足説明】

　上記のとおり、各最高裁判決が述べるように、手当のみならず、賞与、退職金、休暇について旧労契法20条の対象となる労働条件に含まれるものとして、その当否が判断されています。

　また、基本給については、上記の各事件は、高裁判決においてその相違について不合理であるとは認めませんでしたが、令和2年10月28日名古屋地裁判決（名古屋自動車学校事件）では、定年退職後に再雇用された有期雇用労働者について、退職前の6割を下回る基本給を不合理と判断しています。平成30年11月29日福岡高裁判決（学校法人産業医科大学事件）でも、基本給の相違について、労働者の主張を一部認め不合理と判断しています。

　そして、ガイドラインにおいても、不合理な待遇の相違の解消について「賃金のみならず、福利厚生、キャリア形成、職業能力の開発及び向上等を含めた取組が必要」との記載があることからも、全ての労働条件（待遇）の相違が対象になると考えられます。

（3）効果　〜違反した場合の不利益は？〜

> **Ｑ**：旧労契法20条に違反した場合どのような不利益がありますか。
>
> **Ａ**：直接的には、不合理とされた有期雇用労働者の労働条件が無効となりますが、それに伴い、損害賠償等として金銭の支払義務が生じる場合があります。

【問題の所在】

　労働基準法136条のように、それに違反しても私法上の効力までは認められない規定が存在します。旧労契法20条についても、同様に、将来的な改善を促すための訓示的あるいは努力義務規定と理解してよいので

しょうか。

最高裁判決：私法上の効力（無効）

ハマキョウレックス事件・最高裁判決は「労働契約法20条が有期契約労働者と無期契約労働者との労働条件の相違は『不合理と認められるものであってはならない』と規定していることや、その趣旨が有期契約労働者の公正な処遇を図ることにあること等に照らせば、同条の規定は私法上の効力を有するものと解するのが相当であり、有期労働契約のうち同条に違反する労働条件の相違を設ける部分は無効となるものと解される。」と述べています。

【補足説明】

上記最高裁判決を前提にすれば、例えば「無期雇用労働者には通勤手当を支給する。」という規定とともに「有期雇用労働者には通勤手当を支給しない。」という規定があったとします。この相違が旧労契法20条に違反すると判断されれば、「有期雇用労働者には通勤手当を支給しない。」という箇所が無効となることとなります。

この場合、不法行為が成立すれば、通勤手当相当額の損害賠償義務が認められることになります。

（4）補充効　～同一の労働条件となるか？～

> Ｑ：旧労契法20条に違反した場合、有期雇用労働者の労働条件が無期雇用労働者の労働条件と同一となることはありませんか。
>
> Ａ：就業規則の規定等によっては、そのようになる場合もありますが、同条違反の効力として、直ちに、そのようになるものではありません。

【問題の所在】

　就業規則に労働基準法37条の規定で算定される時間外労働等割増賃金を下回る時間外手当しか支払わない旨の規定が存在したとしても、そのような規定は無効であり、同条により算定される時間外労働等割増賃金と同額の時間外手当の支払義務が生じます。

　では、これと同様に、旧労契法20条に違反した場合、権利法律関係として、有期雇用労働者の労働条件が無期雇用労働者の労働条件と同一となるものと理解してよいのでしょうか。

最高裁判決：補充効の否定

　ハマキョウレックス事件・最高裁は「もっとも、同条は、有期契約労働者について無期契約労働者との職務の内容等の違いに応じた均衡のとれた処遇を求める規定であり、文言上も、両者の労働条件の相違が同条に違反する場合に、当該有期契約労働者の労働条件が比較の対象である無期契約労働者の労働条件と同一のものとなる旨を定めていない。そうすると、有期契約労働者と無期契約労働者との労働条件の相違が同条に違反する場合であっても、<u>同条の効力により当該有期契約労働者の労働条件が比較の対象である無期契約労働者の労働条件と同一のものとなるものではない</u>と解するのが相当である。」と述べています。

　これについては、同事件・大阪高裁判決が「労働契約法は、同法20条に違反した場合の効果として、同法12条や労働基準法13条に相当する規定を設けていないこと、労働契約法20条により無効と判断された有期契約労働者の労働条件をどのように補充するかについては、労使間の個別的あるいは集団的な交渉に委ねられるべきものであることからすれば、裁判所が、明文の規定がないまま、労働条件を補充することは、できる限り控えるべきものと考えられる。したがって、関係する就業規則、労働協約、労働契約等の規定の合理的な解釈の結果、有期労働契約者に対

して、無期契約労働者の労働条件を定めた就業規則、労働協約、労働契約等の規定を適用し得る場合はともかく、そうでない場合には、前記のとおり、不法行為による損害賠償責任が生じ得るにとどまるものと解するほかないというべきである。」と述べています。

【補足説明】

　労働基準法13条は「この法律で定める基準に達しない労働条件を定める労働契約は、その部分については無効とする。この場合において、無効となつた部分は、この法律で定める基準による。」と規定しています。

　そのため、【問題の所在】のような場面では、労働基準法37条の規定がその無効となった労働条件の内容を補充することとなります。最低賃金額を下回る賃金額を合意した場合の最低賃金法の効力をイメージするとわかりやすいかもしれません。

　しかし、旧労契法20条は「無効となった有期雇用労働者の労働条件は無期雇用労働者のそれによる。」とは規定していませんので、有期雇用労働者の労働条件が無効となったとしても、それがどのような内容に置き換わるかを裁判所が定めることはできませんし、そのこと自体を同条が規定するものではありません。そのような意味で最高裁判決が「同一のものとなるものではない」と述べるものです。

（5）就業規則等による補充
　　　〜一般法と特別法の関係〜

> Ｑ：旧労契法20条に違反した場合、就業規則等の規定によっては有期雇用労働者の労働条件が無期雇用労働者の労働条件と同一となることはありませんか。
>
> Ａ：あり得ます。

【問題の所在】

　最高裁判決は、旧労契法20条の補充効を否定していますが、就業規則等の規定によっては、無期雇用労働者の労働条件により、無効となった有期雇用労働者の労働条件が補充されることはないのでしょうか。

最高裁判決：補充効の否定

　ハマキョウレックス事件・最高裁判決は「上告人（注：使用者）においては、<u>正社員に適用される就業規則である本件正社員就業規則及び本件正社員給与規程</u>と、<u>契約社員に適用される就業規則である本件契約社員就業規則</u>とが、<u>別個独立のものとして作成されていること</u>等にも鑑みれば、両者の労働条件の相違が同条に違反する場合に、本件正社員就業規則又は本件正社員給与規程の定めが契約社員である被上告人（注：労働者）に適用されることとなると解することは、就業規則の合理的な解釈としても困難である。」と述べています。

　長澤運輸事件・最高裁判決も「被上告人（注：使用者）は、嘱託乗務員について、従業員規則とは別に嘱託社員規則を定め、嘱託乗務員の賃金に関する労働条件を、従業員規則に基づく賃金規定等ではなく、嘱託社員規則に基づく嘱託社員労働契約によって定めることとしている。そして、嘱託社員労働契約の内容となる本件再雇用者採用条件は、精勤手当について何ら定めておらず、嘱託乗務員に対する精勤手当の支給を予定していない。このような就業規則等の定めにも鑑みれば、嘱託乗務員である上告人らが精勤手当の支給を受けることのできる労働契約上の地位にあるものと解することは、就業規則の合理的な解釈としても困難である。」と述べています。

【補足説明】

　上記最高裁判決の考え方を前提にすれば、全従業員（期間の定めの有

無によらず）に適用される就業規則が存在し、その特則として有期雇用労働者に適用される別規程が存在する場合において、当該別規程における規定が旧労契法20条により無効とされたときには、元々の就業規則が適用される場合があるということになります。

例えば、極端な例ですが、就業規則に「従業員には通勤手当を支給する。ただし、別に定める規程によりこれと異なる取扱いをする場合はこの限りでない。」との規定があったとします。その上で、これとは別に、有期雇用労働者に適用される別規程があり、そこで「有期雇用労働者には通勤手当を支給しない。」（＊）と規定されているような場合が考えられます。

このとき、無期雇用労働者に通勤手当を支給しながら有期雇用労働者に通勤手当を支給しないという労働条件の相違が不合理であって、（＊）の規定が無効となれば、就業規則に規定する「別に定める規程によりこれと異なる取扱いをする場合」がなくなりますので、有期雇用労働者にも、就業規則が適用され、「通勤手当を支給する」という規定の適用を受けることとなります。

なお、ハマキョウレックス事件・最高裁判決は、上記の帰結として「被上告人（注：労働者）の本件賃金等に係る労働条件が正社員の労働条件と同一のものとなるものではないから、被上告人が、本件賃金等に関し、正社員と同一の権利を有する地位にあることの確認を求める本件確認請求は理由がなく、また、同一の権利を有する地位にあることを前提とする本件差額賃金請求も理由がない。」と述べていますので、後は、不法行為として損害賠償義務を負うかどうかの問題となります。

上記の長澤運輸事件の精勤手当であれば、精勤手当として請求はできなくとも、その相当額を損害賠償請求できるかが問題となるという意味です。そのため、日本郵便（東京）事件・最高裁判決では、夏期冬期休暇の付与がないことを不合理と判断したとしても、それを規定する就業

規則の適用がなく、それを取得し得ないのであれば損害が生じたとはいえないと使用者が主張したのに対し、「財産的損害」にあたると判断して、損害賠償請求を認めています。

（6）「不合理と認められるもの」の解釈
　　～合理的と認められるもの？～

> **Q**：裁判所の審理の結果、労働条件の相違が不合理であるか合理的であるか明らかとならない（判断し得ない）場合、どのように判断されますか。
>
> **A**：「不合理と認められるもの」とは判断されず、旧労契法20条違反とはならないこととなります。

【問題の所在】

　最高裁判決が述べるように、旧労契法20条が「均衡のとれた処遇を求める規定」であるとしても、「不合理と認められる」ことが争われるのか「合理的と認められる」ことが争われるのか問題となります。

最高裁判決：主張立証責任

　ハマキョウレックス事件・最高裁判決は「同条（注：旧労契法20条）が『不合理と認められるものであってはならない』と規定していることに照らせば、同条は飽くまでも労働条件の相違が不合理と評価されるか否かを問題とするものと解することが文理に沿うものといえる。また、同条は、職務の内容等が異なる場合であっても、その違いを考慮して両者の労働条件が均衡のとれたものであることを求める規定であるところ、両者の労働条件が均衡のとれたものであるか否かの判断に当たっては、労使間の交渉や使用者の経営判断を尊重すべき面があることも否定し難い。したがって、同条にいう『不合理と認められるもの』とは、<u>有</u>

期契約労働者と無期契約労働者との労働条件の相違が不合理であると評価することができるものであることをいうと解するのが相当である。」と述べています。

長澤運輸事件・最高裁判決も、「不合理と認められるもの」について同様に述べています。

【補足説明】

訴訟手続では、事実認定の対象となる個々の（要件）事実については、証拠によってそれがあるともないとも判断し得ない場合に、どのように判断するかが問題となります。理由は、それにより原告と被告のどちらに不利な判断となるかが異なるからです。

仮に、「合理的と認められるもの」が事実認定の対象となってしまえば、審理の結果「合理的と認められるもの」が証明されたかどうか判断しえない場合、「合理的と認められるもの」とは認定しないこととなります。その結果、労働条件の相違は「不合理と認められるもの」と判断されることになります。

しかし、上記最高裁判決は、事実認定の対象となる（要件）事実が「合理的と認められるもの」ではなく「不合理と認められるもの」であると捉えたこととなりますので、これについて判断がしえない場合、「不合理と認められるもの」とはいえないこととなり、旧労契法20条違反とは判断しえず、結果として労働者に不利益に判断されること（請求が認められないこと）を意味します（証明責任）。

2 「不合理」の判断枠組み

（1）不合理性の判断対象
～個別の労働条件か労働条件全体か～

> **Q**：労働条件の相違の不合理性を判断する場合、それが賃金の場合、賃金総額（全体）を比較するのでしょうか。
>
> **A**：賃金の項目毎に比較します。

【問題の所在】

　労働条件は、例えば、基本給を低くしながら諸手当により総支給額を一定水準まで担保する場合もあれば、基本給だけで同程度の額が支給される場合もあります。このような場合、手当の有無だけを比較しても、相違の不合理性が判断し得ないようにも思われます。

最高裁判決：賃金項目

　長澤運輸事件・最高裁判決は「有期契約労働者と無期契約労働者との賃金項目に係る労働条件の相違が不合理と認められるものであるか否かを判断するに当たっては、当該賃金項目の趣旨により、その考慮すべき事情や考慮の仕方も異なり得るというべきである。」

　「そうすると、有期契約労働者と無期契約労働者との個々の賃金項目に係る労働条件の相違が不合理と認められるものであるか否かを判断するに当たっては、<u>両者の賃金の総額を比較することのみによるのではなく、当該賃金項目の趣旨を個別に考慮すべきものと解するのが相当であ</u>

る。」

「なお、ある賃金項目の有無及び内容が、他の賃金項目の有無及び内容を踏まえて決定される場合もあり得るところ、そのような事情も、有期契約労働者と無期契約労働者との個々の賃金項目に係る労働条件の相違が不合理と認められるものであるか否かを判断するに当たり考慮されることになるものと解される。」と述べて、個別の労働条件毎に、不合理なものと認められるかを判断するものとしています。

【補足説明】

上記長澤運輸事件は、定年退職後に再雇用された嘱託乗務員（有期雇用労働者）の労働条件が問題となったもので、定年退職前後で賃金項目が大きく異なっていたものの、総支給額については、定年退職前の約79％程度と想定されるものでした。

そのため、使用者としては、定年退職前に支給していた手当（能率給及び職能給）を廃止する代わりに、定年後には歩合給をより多く得られるようにするなどして賃金体系全体を調整していたため、個別に検討の対象とするのかどうかが問題となったものでした。

結論として、上記最高裁判決は、個別の労働条件について検討することを原則として、全体的な相関関係にも着目すべき事情がある場合には、不合理と認められるかの判断で考慮することとしたものです。

その結果、上記最高裁判決では、能率給及び職務給の支給がないことについて、不合理と認められるかを判断対象としましたが、歩合給の設定において労務の成果が賃金に反映されやすくなるようにされていることを考慮して、不合理であるとは認めませんでした。

（2）期間の定めによる
　　〜雇用期間を理由にしていなければ大丈夫？〜

> **Q**：旧労契法20条の趣旨からすると、特定の労働条件に相違があったとしても、雇用期間の定めの有無がその理由でない場合には、不合理かどうかの判断対象にもならず、その適用はないと考えてもよいですか。
>
> **A**：相違がある場合には、それが労働条件である限り、不合理であるかどうかの判断対象になることは避けられないと考えたほうがよいでしょう。

【問題の所在】

　旧労契法20条は「期間の定めがあることにより」としていることから、労働条件の相違が、契約期間の有無によって生じる場合でなければ、そもそも同条の適用がないということにならないでしょうか。

　例えば、長澤運輸事件のような場合には、定年退職後に有期雇用労働者として再雇用されたことから労働条件に相違が生じたものであって、期間の定めがあることにより生じたものとはいえないようにも思われます。

最高裁判決：期間の定めの有無に関連して生じたもの

　ハマキョウレックス事件・最高裁判決は「労働契約法20条は、有期契約労働者と無期契約労働者の労働条件が期間の定めがあることにより相違していることを前提としているから、両者の労働条件が相違しているというだけで同条を適用することはできない。一方、<u>期間の定めがあることと労働条件が相違していることとの関連性の程度は、労働条件の相違が不合理と認められるものに当たるか否かの判断に当たって考慮すれば足りるものということができる。そうすると、同条にいう『期間の定</u>

めがあることにより』とは、有期契約労働者と無期契約労働者との労働条件の相違が期間の定めの有無に関連して生じたものであることをいうものと解するのが相当である。」と述べています。

長澤運輸事件・最高裁判決は、上記のハマキョウレックス事件・最高裁判決を引用した上で「被上告人（注：使用者）の嘱託乗務員と正社員との本件各賃金項目に係る労働条件の相違は、嘱託乗務員の賃金に関する労働条件が、正社員に適用される賃金規定等ではなく、嘱託社員規則に基づく嘱託社員労働契約によって定められることにより生じているものであるから、当該相違は期間の定めの有無に関連して生じたものであるということができる。したがって、嘱託乗務員と正社員の本件各賃金項目に係る労働条件は、同条にいう期間の定めがあることにより相違している場合に当たる。」と判断しています。

ハマキョウレックス事件・最高裁判決も「それぞれ異なる就業規則が適用されることにより生じているものであることに鑑みれば、当該相違は期間の定めの有無に関連して生じたものであるということができる。」と述べて同様の結論をとっています。

【補足説明】

上記最高裁判決は、労働条件の相違が期間の定めの有無とは全く無関係に生じた場合には適用がないと言っているに等しく、実質的な解釈を示していないように思われます。

例えば、コンビニエンスストアの店長に対して支払われる店長手当の有無について、有期雇用労働者であるアルバイト従業員がそれを不合理な相違であると主張するような場合においては、期間の定めの有無とは全く関連がないといえそうだというのは確かにそう思えるところです。

また、旧労契法20条の文言からすれば、期間の定めの有無にかかわら

ず相違を設けること自体が不合理といえるかどうかの判断をすべきはずです。

しかし、上記最高裁判決は「期間の定めがあることと労働条件が相違していることとの関連性の程度は、労働条件の相違が不合理と認められるものに当たるか否かの判断に当たって考慮すれば足りるものということができる。」とも述べていますし、旧労契法20条を引き継いだ短時間・有期雇用労働法8条には旧労契法20条の「期間の定めがあることにより」と趣旨を同じくする要件が含まれていません。

そうすると、労働条件の相違がある場合には、旧労契法20条ないし短時間・有期雇用労働法8条が適用され、それが不合理であるかどうかを判断する中で、期間の定めの有無が考慮されることになると理解することになります。

実際、大阪医科薬科大学事件・最高裁判決は、私傷病による欠勤中の賃金について、それが期間の定めがあることにより生じたものであるかは明示的に言及していませんが、その趣旨を継続した雇用の維持・確保を目的とするものとして、契約期間の更新が見込まれていたという事情もないことから不合理としませんでした。ここでは、期間の定めがあること（及び更新されないこと）が考慮されていることからも、当該相違が期間の定めの有無に関連して生じたことを前提としているものと理解できます。

日本郵便（大阪）事件・最高裁判決は、扶養手当について相違が生じていることを前提に、その趣旨が継続的雇用の確保にあることから、期間の定めがある契約社員には妥当しないという理由で不支給としながら、更新により継続的雇用が見込まれる以上、それを不支給とすることは不合理であると判断したことも同様の考えであると理解できます。

（3）主張立証責任

> **Q**：有期雇用労働者から、「労働条件の相違が不合理だ。労契法20条違反だ」と言われた場合、どうしたらよいでしょうか。
>
> **A**：どの労働条件について、どのような理由で不合理であると主張するのかを確認した上で、それを覆すことができる理由の有無を検討してください。

【問題の所在】

　審判対象が「不合理と認められる」ことであるとしても、評価である以上、「不合理だ」と言われた場合に、使用者が「不合理と認められる」とはいえないことを全て説明するのは、その説明すべき範囲が無限定となり、負担が大きくなります。

最高裁判決：主張立証責任及び評価根拠・障害事実

　ハマキョウレックス事件・最高裁判決は「両者の労働条件の相違が不合理であるか否かの判断は規範的評価を伴うものであるから、<u>当該相違が不合理であるとの評価を基礎付ける事実</u>については当該相違が同条に違反することを主張する者が、<u>当該相違が不合理であるとの評価を妨げる事実</u>については当該相違が同条に違反することを争う者が、それぞれ主張立証責任を負うものと解される。」と述べています。

【不合理の判断対象】

　また、どの労働条件の相違を不合理の判断対象とするのかについては、労働者が設定して主張しなければ、裁判所はその判断をすることはありません。

　このことは、最高裁判決が明示的に述べたものではありませんが、日

本郵便（大阪）事件・最高裁判決が、祝日給に対応する祝日割増賃金について、年始期間について支給していなかったことについて、不合理だと判断したことからそのように理解されます。

　祝日給と祝日割賃金の相違それ自体については、各日本郵便事件の原告である有期雇用労働者が主張し、いずれも不合理とは認められず、高裁判決の判断が確定しましたが、日本郵便（大阪）事件だけは、それに加え、年始期間の不支給に着目した主張をした結果、そのことについて最高裁判決が上記のように判断しました。

【補足説明】

　訴訟手続では、事実認定の対象となる個々の（要件）事実について主張立証責任をいずれかの当事者に分配します。例えば、残業代の支払いを求められた場合に、管理監督者であることは使用者が主張立証責任を負います。

　しかし、「不合理」のような規範的評価を伴う要件については、評価そのものではなく、そのような評価を基礎付ける（理由付ける）事実の有無が問題とされなければなりません。例えば、解雇が権利濫用と認められるかどうかが争われる場合が典型例です。

　ハマキョウレックス事件・最高裁判決は、事実認定の対象となる（要件）事実が「不合理と認められるもの」という規範的評価を伴うものと捉え、そのために、労働者が不合理性の評価を基礎付ける事実（評価根拠事実）について主張立証し、使用者がその評価を妨げる事実（評価障害事実）について主張立証すべきと判断したものです。

　例えば、同事件の住宅手当についていえば、無期雇用労働者と有期雇用労働者とで、トラック運転手として業務の内容に相違がないという事実は、住宅手当の不支給の不合理性の評価を基礎付ける事実（評価根拠事実）として考慮すべき事情であると判断されています。反対に、無期雇用労働者についてのみ転勤（配置の変更）があるため、住宅費用を多

く要するという事実はその不合理性の評価を障害する事実（評価障害事実）として考慮すべき事情であると判断されています。

　さらに、住宅手当の支給がないことが労働条件の相違として不合理だと主張しなければ、そのこと自体も判断されないこととなります。

　上記判断は、訴訟手続上の主張立証責任に関するルールを述べたものですが、裁判外の労使交渉においても、同様の考えがあてはまるものと思われます。つまり、労働者として、どの労働条件の相違を問題とするのか、そして、それがどのような理由で不合理であると評価するのか、その場合に考慮すべき事情（評価根拠事実）を明示した上で、それに対して、使用者が、その相違を問題とする労働条件について相違があることの理由（評価障害事実）を説明すればよいということです。単純に「労働条件（全体）の相違が不合理である」と主張しても意味がありません。

（4）判断枠組み　～労働条件の趣旨～

> **Ｑ**：不合理かどうかは、結局、どのようにして判断されるのですか。
>
> **Ａ**：相違のある労働条件の趣旨・目的・性質に照らして、考慮すべき事情を考慮すべき仕方で考慮し、不合理と認められるかどうか判断します。

【問題の所在】

　最高裁判決の述べる旧労契法20条の趣旨が「均衡のとれた処遇を求める規定」であるとした場合、具体的には、どのようにして不合理であるかどうかを判断すべきなのでしょうか。

　ハマキョウレックス事件・最高裁判決は「同条（注：旧労契法20条）は、有期契約労働者と無期契約労働者との間で労働条件に相違があり得ることを前提に、<u>職務の内容、当該職務の内容及び配置の変更の範囲その他の事情……</u>を考慮して、その相違が不合理と認められるものであってはならないとするものであり、職務の内容等の違いに応じた均衡のとれた処遇を求める規定であると解される。」と述べています。

　また、長澤運輸事件・最高裁判決は、「有期契約労働者と無期契約労働者との賃金項目に係る労働条件の相違が不合理と認められるものであるか否かを判断するに当たっては、<u>当該賃金項目の趣旨により、その考慮すべき事情や考慮の仕方も異なり得るというべきである。</u>」と述べています。

　以下、ハマキョウレックス事件における判断をみていけば次のように整理されます。

ア．労働条件の相違の確認

　まず、労働条件の相違が不合理かどうかを判断するにあたっては、労働条件について、無期雇用労働者のそれと有期雇用労働者のそれとが相違していることを、適用される就業規則が違うことから確認しています。

イ．趣旨・目的・性質の確定

　次に、住宅手当について、「この住宅手当は、従業員の住宅に要する費用を補助する趣旨で支給されるものと解される」として趣旨を確定しています。

ここで趣旨を確定するのは、上記長澤運輸事件・最高裁判決が述べるように、「当該賃金項目の趣旨により、その考慮すべき事情や考慮の仕方も異なり得るというべき」だからです。

ウ．考慮すべき「事情」の選択

　上記の確定した趣旨から、考慮すべき事情として、職務の内容について、無期雇用労働者と有期雇用労働者のいずれもがトラック運転手であったことから「契約社員と正社員との間に相違はなく、当該業務に伴う責任の程度に相違があったとの事情もうかがわれない。」ことが挙げられています。

　さらに、変更の範囲について「正社員は、出向を含む全国規模の広域異動の可能性があるほか、等級役職制度が設けられており、職務遂行能力に見合う等級役職への格付けを通じて、将来、上告人（注：使用者）の中核を担う人材として登用される可能性があるのに対し、契約社員は、就業場所の変更や出向は予定されておらず、将来、そのような人材として登用されることも予定されていないという違いがあるということができる。」としてその点で相違があることを挙げています。

エ．不合理と認められるかの判断

　上記ウ．で挙げた事情を考慮し「契約社員については就業場所の変更が予定されていないのに対し、正社員については、転居を伴う配転が予定されているため、契約社員と比較して住宅に要する費用が多額となり得る。」として、不合理と認められるものにあたらないと判断しました。

　同様に、皆勤手当については「この皆勤手当は、上告人が運送業務を円滑に進めるには実際に出勤するトラック運転手を一定数確保する

必要があることから、皆勤を奨励する趣旨で支給されるものであると解されるところ、上告人の乗務員については、契約社員と正社員の職務の内容は異ならないから、出勤する者を確保することの必要性については、職務の内容によって両者の間に差異が生ずるものではない。また、上記の必要性は、当該労働者が将来転勤や出向をする可能性や、上告人の中核を担う人材として登用される可能性の有無といった事情により異なるとはいえない。」などとして、不合理と認められるものにあたると判断しました。

【補足説明及び筆者の見解】

　最高裁判決の考え方をまとめれば、①労働条件の相違の存在、②労働条件の趣旨・目的・性質の確定、③当該趣旨を踏まえて考慮すべき事情の選択をした上で、当該事情を考慮して不合理と認められるかを判断することになります。

　ここで、③の考慮すべき事情というのは、同事件・最高裁判決が主張立証責任に言及するにあたりその対象として述べた、評価根拠事実と評価障害事実を意味します。このような説明は学者や他の法律実務家の見解では明示的に示されていませんが、上記の長澤運輸事件・最高裁判決の言及した「考慮すべき事情や考慮の仕方」ということや、各最高裁判決における判断過程からも理解できるものです。

　そのため、不合理と認められるかの判断においては、労働条件の趣旨に照らし、評価根拠事実と評価障害事実として意味のあるあらゆる事情が考慮されることとなります。これについては、次の項で、もう少し具体的に説明します。

（5）「事情」 ～職務の内容及び変更の範囲に関連する ものに限る？～

> **Q**：旧労契法20条には、「職務の内容……その他の事情」と規定 されていますが、考慮されるべき事情は、「職務の内容」と「変 更の範囲」及びそれに関連するものに限られますか。
>
> **A**：その事件において考慮されるべき事情で、あらゆる事情を含 み得るものです。職務の内容や変更の範囲に関連する事情に 限定されるものではありませんし、それらが必ず考慮されな ければならないというものとも解されません。

【問題の所在】

　職務の内容や変更の範囲以外の事情であっても、例えば、会社の組織 再編等により、労働条件の相違が生じてしまうこともあるはずです。そ のようなことも、不合理と認められるかの判断において、考慮されるべ き場合もあるのではないでしょうか。

最高裁判決：定年退職後に再雇用された者であることを考慮した もの

　長澤運輸事件・最高裁判決は「労働者の賃金に関する労働条件は、労 働者の職務内容及び変更範囲により一義的に定まるものではなく、使用 者は、雇用及び人事に関する経営判断の観点から、労働者の職務内容及 び変更範囲にとどまらない様々な事情を考慮して、労働者の賃金に関す る労働条件を検討するものということができる。また、労働者の賃金に 関する労働条件の在り方については、基本的には、団体交渉等による労 使自治に委ねられるべき部分が大きいということもできる。そして、労 働契約法20条は、有期契約労働者と無期契約労働者との労働条件の相違 が不合理と認められるものであるか否かを判断する際に考慮する事情と

して、『その他の事情』を挙げているところ、その内容を職務内容及び変更範囲に関連する事情に限定すべき理由は見当たらない。」

「したがって、有期契約労働者と無期契約労働者との労働条件の相違が不合理と認められるものであるか否かを判断する際に考慮されることとなる事情は、労働者の職務内容及び変更範囲並びにこれらに関連する事情に限定されるものではないというべきである。」と述べました。

その上で、この事件では「有期契約労働者が定年退職後に再雇用された者であることは、当該有期契約労働者と無期契約労働者との労働条件の相違が不合理と認められるものであるか否かの判断において、労働契約法20条にいう『その他の事情』として考慮されることとなる事情に当たると解するのが相当である。」と判断しました。

【補足説明及び筆者の見解】

上記事件では、有期雇用労働者が、職務の内容及び変更の範囲において無期雇用労働者とは異ならないものでした。そこで、定年退職後に再雇用されたことにより、労働条件に相違が生じたという事情が「その他の事情」として考慮されなければ、全ての労働条件の相違が不合理と判断されかねない可能性がありました。

そのため、この事件では、定年退職後に再雇用された者であることが「その他の事情」にあたると解すべきことが必然ともいえますし、恣意的な判断であると批判されかねないようにも思われます。

しかし、法律用語として、「その他」と「その他の」は使い分けがされており、「その他」と異なり、「その他の」の前に並ぶものは、いずれも例示であると理解されています（興味がある方は、労働基準法37条5項及び同施行規則21条と賃金の支払の確保等に関する法律6条2項及び同法施行規則6条を比較してみてください）。つまり、ここでは、「職務の内容」も「変更の範囲」も考慮されるべき事情として例示されただけ

であって、これらが常に考慮されなければ違法となるものではありません。

　例えば、時間外労働に対する割増賃金の割増率に相違がある場合、職務の内容を考慮する必要がある場合は通常であれば考え難いと思います。つまり、その相違が不合理と認められるかどうかの判断において、職務の内容を考慮しなければならないということにはなりません。

　そのため、ハマキョウレックス事件・最高裁判決が「職務の内容、当該職務の内容及び配置の変更の範囲その他の事情」を考慮して判断すると述べているのは条文の文言を述べただけで、それ以上の意味があると解することはできませんし、長澤運輸事件・最高裁判決が「その他の事情」について、「その内容を職務内容及び変更範囲に関連する事情に限定すべき理由は見当たらない」と述べるのは、法律における用語法からは当然のことといえます。

　また、相違が問題となる労働条件の主たるものは賃金であり労務の対価をなすものです。不合理と認められるかを判断するにあたって、結果として、職務の内容や変更の範囲が考慮される場合が多くなりますが、このことから、これらについて常に考慮されなければならないということにはなりません。

　したがって、長澤運輸事件・最高裁判決は、「その他の事情」と記載はしていますが、同事件において考慮すべき事情である、つまり評価根拠事実ないし評価障害事実にあたるものとして、定年退職後に再雇用された者であることを考慮したものと理解されます。

　なお、有期雇用労働者と無期雇用労働者の職務の内容を比較するにあたり、対象となる無期雇用労働者をどのように選択すべきかという論点があり、最高裁判決は「原告選択説」を採用したようにいわれています。

しかし、最高裁判決はそのようなことは一切示しておらず、そのような誤解が生じた原因は、この点を正しく理解していないことに起因するものです。このことについては、別の箇所（70頁以下）で説明します。

（6）労働条件の趣旨・目的・性質

> **Q**：相違が問題とされる労働条件の趣旨・目的・性質は、誰が、どのようにして判断するのでしょうか。
>
> **A**：裁判所が、その支給要件及び支給内容等に基づき判断します。

【問題の所在】

使用者が、「通勤手当」という名称の手当を支給していた場合において、これを、通勤に要する実費を補償するためではあるが、これにより、「優秀な人材の採用目的で支給している」と主張した場合、裁判所はそのような趣旨・目的・性質を認めてくれるのでしょうか。

最高裁判決：支給要件及び内容

ハマキョウレックス事件・最高裁判決は、住宅手当について、その支給要件について「21歳以下の従業員に対しては月額5000円、22歳以上の従業員に対しては月額2万円の住宅手当を支給すること」との規定を確認した上で、その趣旨について「<u>従業員の住宅に要する費用を補助する趣旨で支給されるものと解される</u>」と述べています。

ただし、「契約社員については就業場所の変更が予定されていないのに対し、正社員については、転居を伴う配転が予定されているため、契約社員と比較して住宅に要する費用が多額となり得る。」とも述べていますので、その名称だけでなく、有期雇用労働者と無期雇用労働者の変更の範囲に相違があることも踏まえて、その趣旨を判断したものと思わ

れます。

　日本郵便（大阪）事件・最高裁判決は、年末年始勤務手当について「第1審被告（注：使用者）における年末年始勤務手当は、郵便の業務を担当する正社員の給与を構成する特殊勤務手当の一つであり、12月29日から翌年1月3日までの間において実際に勤務したときに支給されるものであることからすると、同業務についての最繁忙期であり、<u>多くの労働者が休日として過ごしている上記の期間において、同業務に従事したことに対し、その勤務の特殊性から基本給に加えて支給される対価としての性質を有するものである</u>といえる。また、年末年始勤務手当は、正社員が従事した業務の内容やその難度等に関わらず、所定の期間において実際に勤務したこと自体を支給要件とするものであり、その支給金額も、実際に勤務した時期と時間に応じて一律である。」と述べています。

　長澤運輸事件・最高裁判決は、各種手当の相違が不合理であるかを検討するにあたり「その支給要件及び内容に照らせば」と前置きをした上で、当該手当の趣旨がどのようなものであるかを述べています。
　この事件では、例えば、精勤手当について、就業規則にある「従業員規則所定の休日を除いて全ての日に出勤した者に精勤手当を支払う。その額は月額5000円とする。」との支給要件を確認した上で、その趣旨について「従業員に対して休日以外は1日も欠かさずに出勤することを奨励する趣旨で支給されるものであるということができる」と述べています。

最高裁判決：継続的な雇用確保の目的

　日本郵便（大阪）事件・最高裁判決は、扶養手当について「このうち扶養手当は、所定の扶養親族のある者に支給されるものであり、その額は、扶養親族の種類等に応じて、扶養親族1人につき月額1500円～1万

5800円である。」ことを確認した上で、その趣旨について「第1審被告(注:
使用者)において、郵便の業務を担当する正社員に対して扶養手当が支
給されているのは、上記正社員が長期にわたり継続して勤務することが
期待されることから、その生活保障や福利厚生を図り、扶養親族のある
者の生活設計等を容易にさせることを通じて、その継続的な雇用を確保
するという目的によるものと考えられる。」と述べています。

最高裁判決：正社員としての有為人材確保等

　大阪医科薬科大学事件・最高裁判決は、賞与について「第1審被告(注:
使用者)の正職員に対する賞与は、正職員給与規則において必要と認め
たときに支給すると定められているのみであり、基本給とは別に支給さ
れる一時金として、その算定期間における財務状況等を踏まえつつ、そ
の都度、第1審被告により支給の有無や支給基準が決定されるものであ
る。また、上記賞与は、通年で基本給の4.6か月分が一応の支給基準となっ
ており、その支給実績に照らすと、第1審被告の業績に連動するもので
はなく、算定期間における労務の対価の後払いや一律の功労報償、将来
の労働意欲の向上等の趣旨を含むものと認められる。そして、正職員の
基本給については、勤務成績を踏まえ勤務年数に応じて昇給するものと
されており、勤続年数に伴う職務遂行能力の向上に応じた職能給の性格
を有するものといえる上、おおむね、業務の内容の難度や責任の程度が
高く、人材の育成や活用を目的とした人事異動が行われていたものであ
る。このような正職員の賃金体系や求められる職務遂行能力及び責任の
程度等に照らせば、第1審被告は、正職員としての職務を遂行し得る人
材の確保やその定着を図るなどの目的から、正職員に対して賞与を支給
することとしたものといえる。」と述べています。

　メトロコマース事件・最高裁判決は、退職金について「上記退職金は、
本給に勤続年数に応じた支給月数を乗じた金額を支給するものとされて

いるところ、その支給対象となる正社員は、第1審被告（注：使用者）の本社の各部署や事業本部が所管する事業所等に配置され、業務の必要により配置転換等を命ぜられることもあり、また、退職金の算定基礎となる本給は、年齢によって定められる部分と職務遂行能力に応じた資格及び号俸により定められる職能給の性質を有する部分から成るものとされていたものである。このような第1審被告における退職金の支給要件や支給内容等に照らせば、上記退職金は、上記の職務遂行能力や責任の程度等を踏まえた労務の対価の後払いや継続的な勤務等に対する功労報償等の複合的な性質を有するものであり、第1審被告は、<u>正社員としての職務を遂行し得る人材の確保やその定着を図るなどの目的</u>から、様々な部署等で継続的に就労することが期待される正社員に対し退職金を支給することとしたものといえる。」と述べています。

【補足説明】

　一般的に、退職金について賃金の後払的性格と功労褒賞的性格を含むといわれていますが、その退職金額が勤続期間だけによるような場合には、正に、賃金の後払的性格が強く反映されたものと捉えられます。これと同様に、各種手当等の労働条件も、その支給要件及び内容によってその趣旨（性質・目的）が理解されます。

　上記各最高裁判決は、問題となった手当の一部についてその趣旨を判断した箇所を引用したものですが、概ね、支給要件及び内容に基づいて判断されていることが理解できると思われます。

　もっとも、旧労契法20条に関する各最高裁判決に対する学者の見解によれば、職務に関連する手当（前述の最高裁判決でいえば年末年始勤務手当や精勤手当）については、その支給要件及び内容により客観的に趣旨が定まるものと最高裁判決が解しているのに対し、職務と関連が薄い（生活との関連が強い）手当（扶養手当）並びに賞与及び退職金については、継続的な雇用確保や有為人材確保という使用者の主観的な趣旨・

目的で支給されることを認めたものともいわれています。

　このような主観的な手当等の趣旨・目的を安易に認めてしまうと、極端な例ですが、【問題の所在】に記載したような通勤手当であっても、人材確保という使用者の主張と何らかの事情が組み合わされることにより、労働条件の相違についても不合理とはいえないと評価されることにもつながりかねません。

　なお、平成30年９月20日福岡高裁判決（九水運輸商事事件）では、通勤手当という名称の手当が、月３回以上欠勤すると不支給とされていたことが認められており、使用者がこれについて皆勤手当であると主張しました。しかし、使用者が、当該手当を非課税として扱っていたこと等から、客観的な事実に基づき、通勤に要する交通費を補填するという手当であると認められています。

（7）職務の内容等の比較の必要性
　　　〜比較対象は誰が適格か？〜

> **Q**：無期雇用労働者によって、職務の内容等が相当程度違う場合、どの無期雇用労働者を対象として有期雇用労働者の労働条件を比較すればよいのでしょうか。
>
> **A**：有期雇用労働者が比較対象として主張する無期雇用労働者と比較し、無期雇用労働者によって職務の内容等を相当程度異にするに至った事情があれば、それについて「その他の事情」にあたるものとして、不合理性を判断すべきとの考え方が支配的ですが、筆者の見解としては、いずれの当事者の主張によるかという問題設定ではなく、最高裁判決もそのようなことは明示していないと理解しています。

【問題の所在】

　無期雇用労働者の職務の内容等が、配置される部署によって異なるなどの理由で多様である場合、有期雇用労働者のそれと比較してそのことを考慮することが必要でしょうか。

　これを要するとすれば、比較対象者となる無期雇用労働者の選定いかんによって、不合理性の判断の結論が異なる場合があるとも考えられます。

最高裁判決：労働者の主張する正社員を比較対象としたもの

　大阪医科薬科大学事件・最高裁判決は「第1審原告（注：労働者）により比較の対象とされた教室事務員である正職員とアルバイト職員である第1審原告の労働契約法20条所定の『業務の内容及び当該業務に伴う責任の程度』……をみると、……」と述べて、有期雇用労働者の選定した「教室事務員」である無期雇用労働者との職務の内容及び変更の範囲の相違について検討しました。

　もっとも、教室事務員である正職員は、使用者における他の正職員と、職務の内容及び変更の範囲を異にするものでしたが「このように、教室事務員である正職員が他の大多数の正職員と職務の内容及び変更の範囲を異にするに至ったことについては、教室事務員の業務の内容や第1審被告（注：使用者）が行ってきた人員配置の見直し等に起因する事情が存在したものといえる。また、アルバイト職員については、契約職員及び正職員へ段階的に職種を変更するための試験による登用制度が設けられていたものである。これらの事情については、教室事務員である正職員と第1審原告との労働条件の相違が不合理と認められるものであるか否かを判断するに当たり、労働契約法20条所定の『その他の事情』……として考慮するのが相当である。」と述べ、人員配置の見直し等に起因する事情について考慮すべきであると判断しました。

【補足説明】

　上記事件の最高裁の判断は、その原審である同事件・大阪高裁判決が次のように判断したことを実質的に覆したものでした。

　「当裁判所も、控訴人（注：労働者・有期雇用労働者）と正職員との労働条件の相違が不合理か否かを判断するために比較対照すべき無期契約労働者は、被控訴人（注：使用者）の正職員全体であり、かつ、控訴人の労働条件はアルバイト職員就業内規に定められているところにより、他の規程が適用されるものではないと判断する。」「労契法20条は、『同一の使用者と期間の定めのない労働契約を締結している労働者』と規定しているのであるから、有期契約労働者の比較対象となる無期契約労働者は、むしろ、同一の使用者と同一の労働条件の下で期間の定めのない労働契約を締結している労働者全体と解すべきである。控訴人は、裁判所は、有期契約労働者側が設定した比較対象者との関係で不合理な相違があるかどうかを判断すべきであるとも主張するが、比較対象者は客観的に定まるものであって、有期契約労働者側が選択できる性質のものではない。」

　また、メトロコマース事件・最高裁判決も、労働者の選定した比較対象の職務の内容等を検討して判断しました。日本郵便事件・最高裁判決も、郵便業務に従事する有期雇用労働者と、無期雇用労働者のうち郵便業務に従事する者とが比較されています。

　これらのことから、労働条件の相違について不合理と認められるかを判断するにあたり、無期雇用労働者と有期雇用労働者の職務の内容等を比較し、その相違の有無を考慮しなければならず、その場合の比較対象は、原告である有期雇用労働者の主張する無期雇用労働者であるとする見解が存在します（原告選択説）。

　この見解では、有期雇用労働者が、意図的に、自らの職務の内容及び変更の範囲との相違が大きくない無期雇用労働者を選定すればするほど、労働条件の相違が不合理であると判断されやすくなるものの、使用

者が主張する人員の配置の見直し等に起因する事情を広く考慮して不合理と認められるかを判断することが許容されるものと理解するものです。

【筆者の見解】

　この点については、筆者の見解からすれば、そのような比較を行うこと自体が同条違反の判断に必須のことではなく、仮に比較を要するとしてもその対象も労働条件の「趣旨・目的・性質」により、合目的に判断されることになるというものです。

　つまり、比較対象の選定が、原告の主張か被告の主張のいずれによるかということが争点となるのではなく、「原告の主張する比較対象者との相違」又は「被告の主張する比較対象者との相違」が、当該労働条件の相違が不合理であるかを判断するにあたり有意な事情といえるか、評価根拠事実ないし評価障害事実として考慮すべき事情にあたるかということ（主張として失当かどうか）が問題だということです。

　以下がそのような見解に至る理由です。

ア．最高裁は原告選択説を採用したのか？

　最高裁判決は、メトロコマース事件では原審の判断と同様に、大阪医科薬科大学事件では原審の判断を覆し、原告である有期雇用労働者が選定した無期雇用労働者と職務の内容、変更の範囲を比較しました。

　このことから、選定対象は有期雇用労働者の主張する無期雇用労働者であるとの理解が支配的ですが、筆者としては、最高裁が、重要な法令解釈の統一を目的として、意図的にこのような判示を行ったとは直ちに理解し得ないものと考えています。

　理由は、大阪医科薬科大学事件・最高裁判決では、この点について上告理由を受理しておらず、また、これらの事件では、原告の請求を、結論として認めなかったからです。

イ．上告受理申立理由からの排除等

　まず、2020年11月16日日経新聞の記事によれば、大阪医科薬科大学事件の代理人弁護士が、上告受理申立てにおいて、原審が比較対象者を無期雇用労働者全体として判断したことについて、その判断の変更を求めたところ、最高裁がこれを受理申立理由から排除したとのことです。

　そのため、それにもかかわらず、最高裁判決が「第1審原告により比較の対象とされた……」と述べてこのような判断を行ったことは、最高裁判決として、民事訴訟法が上告審として予定する、重要な法令解釈の統一的な判断を示したものではないと理解できます。

　次に、比較対象者を原告である労働者が選択した教室事務員に絞る場合、労働者とすれば、職務の内容及び変更の範囲について大きな相違が認められなくなることから、このことは、労働者にとって有利な判断がされる方向に作用するものといえます。

　しかし、最高裁判決は、人員の配置の見直し等に起因する事情を考慮して、原告の請求を認めなかったことからすれば、あえて、原告である労働者に有利な比較対象者を選択せず、不利な比較対象者のまま判断してもよかったともいえます。

ウ．判断対象となる労働条件によりその都度選択されるべき

　これらのことからすれば、筆者としては、大阪医科薬科大学事件・最高裁判決が、当該事件について、原告である労働者の選択した比較対象者との労働条件の相違を検討したことは、結果としてそうなっただけであって、「原告が選択した者」という理由ではないと考えるところです。

　この事件では、原告が敗訴していることからすれば、比較対象者が変わればその結論が変わる可能性が残る場合、審理として不十分であ

るとの批判を受ける可能性があります。そのため、そのような批判を受けないだけの判断理由を示すために、結果として原告が主張した比較対象者である教室事務員である正職員との比較を行っただけであって、「原告が選択した者」を比較対象者とすべきという、重要な法令の統一的な解釈を示したものではないと推察するところです（一般的には、例えば、ピッチャーとバッターを比較することに意味がない場合が多いと思われますので、その点で、無期雇用労働者全体との相違がそのままで有意な事情になるとは考え難いのは確かだと思われます）。

そこで思うに、最高裁判決も、その判断を示すにあたり、労働者と使用者の主張（正確には、その中から原審の確定した事実）の中からしか判断できないことからすれば、筆者としては、比較対象となる無期雇用労働者の範囲も、その際に考慮すべき事情も、不合理の判断対象となる労働条件の相違の趣旨・目的・性質に照らして、労働者と使用者の主張の中から認定し得る事実の中から、合目的的に裁判所が選択し得ると解することが妥当であり、同事件・最高裁判決もそのような理解からあのような判示をしたのではないかと推察するものです。

また、旧労契法20条に規定される「その他の」事情という用語法からすれば、職務の内容も変更の範囲も、不合理と認められるかの判断にあたり、考慮すべき事情として例示されているだけであり、必ずそれを考慮しなければならないという解釈にはなりません。

そのため、どのような事情を考慮すべきかはあらかじめ決まっておらず、判断対象となる労働条件の内容に照らし、考慮すべき事情も異なることが当然に予定されているものと考えられます。このことは、長澤運輸事件・最高裁判決が「当該賃金項目の趣旨により、その考慮すべき事情や考慮の仕方も異なり得るというべきである。」と述べる

こととも整合的です。

　例えば、日本郵便（佐賀）事件・最高裁判決において、夏期冬期休暇の相違について判断するにあたり、その理由からすれば、最高裁判決は、契約期間と繁忙期との関係を考慮しただけで、実質的には、職務の内容の相違を考慮していません。日本郵便（大阪）事件・最高裁判決の年始期間における祝日給に対応する祝日割増賃金についても同様です。

　また、比較対象とする無期雇用労働者については、夏期冬期休暇であれば、職務の内容が問題とならない以上、夏期冬期休暇の付与を受ける無期雇用労働者であれば、比較対象とする適格性は否定されないはずです

　そして、比較対象とする無期雇用労働者については、旧労契法20条が、労働条件の絶対的な不合理性ではなく、労働条件の相違の不合理性を問題とし、賃金を中心とした労働条件が、主に労務の対価としての性格を有する以上、労務の内容、つまり職務の内容や変更の範囲について類似性のある無期雇用労働者が選択されることも当然といえますが、このことは、「原告が選択した者」を直ちに意味するものではありません。原告が主張するか被告が主張するかという問題とは無関係です。

　また、およそ原告が選択することのないような、職務の内容と変更の範囲について大きな相違のある無期雇用労働者を裁判所が比較対象とした場合において、それでもなお比較対象者としての適格性が認められるとすれば、それはまさに、不合理と認められるかの判断対象となる労働条件が職務の内容と関連性がないからであって、職務の内容の類似性が比較対象労働者の適格性を満たすのに必要な条件であることを意味しません。割増賃金の割増率に相違があるような場合にはそ

のようにいえるはずです。

　そこで、改めて大阪医科薬科大学事件・最高裁判決を検討すれば、賞与の趣旨・目的・性質を「業績に連動するものではなく、算定期間における労務の対価の後払いや一律の功労報償、将来の労働意欲の向上等の趣旨」「正職員としての職務を遂行し得る人材の確保やその定着を図るなどの目的」としていることからすれば、賞与が労務の対価の後払いとしての性質を有する以上、考慮すべき事情としてアルバイト職員の職務の内容は当然、考慮すべき事情として必要となりますし、そうであれば、その点で類似する正職員が比較対象となることも当然といえます。

　さらに、正職員としての人材の確保や定着という目的に照らせば、それをアルバイト職員に支給しないことの不合理性（支給することの合理性）を判断するにあたり、正職員全体の職務の内容と比較した場合に認められる相違よりも、そのようになるに至った正職員の人員配置の見直し等に起因する事情について考慮すべきということにもなるはずです。

　以上のことからすれば、最高裁判決の意図する比較対象となる無期雇用労働者の選択（正確には、「比較した結果認められる相違の有無・内容」）については、表面的には原告選択説を採用したように見えるとしても、直ちにそのように解することはできません。むしろ、労働条件の趣旨・目的・性質から不合理性の判断を行うために、裁判所が合目的的に選択し得ると考えるべきです。

3 その他

（1）定年後再雇用の効果
〜定年後減額許容論は公認？〜

> **Q**：65歳未満の定年を定める場合、それ以降の雇用確保のため、定年退職後の継続雇用制度が多く導入されていますが、定年により一度退職したことを理由に、労働条件に相違が生じることは許容されませんか。
>
> **A**：そのことだけを理由に労働条件の相違が不合理なものにあたらないということにはなりません。

【問題の所在】

　我が国では、終身雇用制度と併せて労働契約の終了事由として定年を規定することが多く行われてきましたが、高年齢者等の雇用の安定等に関する法律は、65歳未満の定年を定める事業主に対して、高年齢者雇用確保措置を講じるよう義務付けています。

　その中で、定年退職後の継続雇用制度による場合が認められており、多くの場合は、有期雇用労働者として再雇用されるものとされています。

　このように、本来予定された労働契約が定年により終了した後も、国の労働政策に応じて引き続き雇用を継続するのであれば、そのことを理由に労働条件に相違が生じることも許容されることにならないでしょうか。

　長澤運輸事件・最高裁判決は「有期契約労働者が定年退職後に再雇用された者であることは、当該有期契約労働者と無期契約労働者との労働条件の相違が不合理と認められるものであるか否かの判断において、労働契約法20条にいう『その他の事情』として考慮されることとなる事情に当たると解するのが相当である。」と述べました。

【補足説明】

　同事件・最高裁判決は、上記のとおり述べたものですが、単に、定年退職後に再雇用されたという一事を理由に、労働条件に相違が生じてもよいとは判断していません。

　この事件では、協定の締結に至ったものではありませんでしたが、使用者が、労働組合との交渉を経た上で、再雇用の際の労働条件を順次決定ないし改定したものであったことや、その際に考慮された年金の支給開始時期等についても前提事実として認められていました。

　そのため、上記最高裁判決では、単に「定年退職後に再雇用されたこと」が考慮されたかのようにも受け取れますが、それに関連して労働条件を決定する際に考慮された事実等の総体が考慮されているものと理解されます。

　なお、同事件の原審及び原々審の判断は次のようなものでしたが、そこで述べられたようなことを同事件・最高裁判決は述べていません。

　同事件・東京高裁判決は「従業員が定年退職後も引き続いて雇用されるに当たり、その賃金が引き下げられるのが通例であることは、公知の事実であるといって差し支えない。」と述べて、労働条件の相違を、いずれも不合理であるとは認めませんでした。

反対に、同事件・東京地裁判決は「企業において、賃金コストの無制限な増大を回避しつつ定年到達者の雇用を確保するため、定年後継続雇用者の賃金を定年前から引き下げることそれ自体には合理性が認められるものであるが、被告（注：使用者）においてその財務状況ないし経営状況上合理的と認められるような賃金コスト圧縮の必要性があったわけでもない状況の下で、しかも、定年後再雇用者を定年前と全く同じ立場で同じ業務に従事させつつ、その賃金水準を新規採用の正社員よりも低く設定することにより、定年後再雇用制度を賃金コスト圧縮の手段として用いることまでもが正当であると解することはできないものといわざるを得ない。」と述べて、労働条件の相違を、いずれも不合理であると認めました。

（2）継続性が見込まれる場合
〜契約更新は考慮されるのか？〜

> **Q**：有期雇用労働者について、契約更新が見込まれる場合には、そのことも考慮されますか。
>
> **A**：「継続的」な雇用ないし就労を前提とした労働条件の相違については、更新が見込まれることを考慮して判断されていますが、契約期間と関連性がない労働条件については、更新を含め、契約期間の長さはあまり考慮されていません。

【問題の所在】

　旧労契法20条では、「期間の定めがあることにより」労働条件の相違があることが問題となる以上、それが更新されるかどうかにかかわらず「不合理」と認められるかどうかが判断されるべきとも思われます。反対にいえば、更新される場合があることを理由に、不合理だという判断

にはならないとも思われます。

① 継続的な雇用を確保する目的

最高裁判決：日本郵便事件（大阪：扶養手当、東京：病気休暇）

　日本郵便（大阪）事件・最高裁判決は、原告である有期雇用労働者（契約社員）についてその契約更新を繰り返していたことを前提として、扶養手当について「上記正社員が長期にわたり継続して勤務することが期待されることから、その生活保障や福利厚生を図り、扶養親族のある者の生活設計等を容易にさせることを通じて、その継続的な雇用を確保するという目的によるものと考えられる。」とした上で、「もっとも、上記目的に照らせば、本件契約社員についても、扶養親族があり、かつ、相応に継続的な勤務が見込まれるのであれば、扶養手当を支給することとした趣旨は妥当するというべきである。そして、第1審被告（注：使用者）においては、本件契約社員は、契約期間が6か月以内又は1年以内とされており、第1審原告（注：労働者）らのように有期労働契約の更新を繰り返して勤務する者が存するなど、相応に継続的な勤務が見込まれているといえる。」として、扶養手当を支給しないことについて不合理であると判断しました。

　日本郵便（東京）事件・最高裁判決も、同様に、病気休暇について「正社員が長期にわたり継続して勤務することが期待されることから、その生活保障を図り、私傷病の療養に専念させることを通じて、その継続的な雇用を確保するという目的によるものと考えられる。」とした上で、「上記目的に照らせば、郵便の業務を担当する時給制契約社員についても、相応に継続的な勤務が見込まれるのであれば、私傷病による有給の病気休暇を与えることとした趣旨は妥当するというべきである。そして、第1審被告（注：使用者）においては、上記時給制契約社員は、契約期間が6か月以内とされており、第1審原告（注：労働者）らのように有期

労働契約の更新を繰り返して勤務する者が存するなど、相応に継続的な勤務が見込まれているといえる。」として、不合理であると判断しました。

【補足説明】

　これらの事件では、いずれの労働条件についても、その目的を「継続的な雇用を確保するという目的」とした上で、「契約期間が6か月以内又は1年以内とされており、第1審原告らのように有期労働契約の更新を繰り返して勤務する者が存するなど、相応に継続的な勤務が見込まれているといえる。」としていることから、最高裁判決が契約更新の事実を踏まえて判断しているものと理解できます。

②　継続的な雇用の確保とは無関係な場合

最高裁判決：契約期間の長さ（更新）を問題としなかったもの

　日本郵便（大阪）事件・最高裁判決は、年始期間の祝日給と祝日割増賃金の相違について「年始期間の勤務に対する祝日給は、特別休暇が与えられることとされているにもかかわらず最繁忙期であるために年始期間に勤務したことについて、その代償として、通常の勤務に対する賃金に所定の割増しをしたものを支給することとされたものと解され」るとした上で、「本件契約社員は、契約期間が6か月以内又は1年以内とされており、第1審原告（注：労働者）らのように有期労働契約の更新を繰り返して勤務する者も存するなど、繁忙期に限定された短期間の勤務ではなく、業務の繁閑に関わらない勤務が見込まれている。」として、5年以上の契約期間がある場合には不合理であるとした原審である同事件・大阪高裁判決の判断を変更して、契約期間にかかわらず不合理と判断しました。

　日本郵便（佐賀）事件・最高裁判決は、夏期冬期休暇について「郵便の業務を担当する正社員に対して夏期冬期休暇が与えられているのは、

年次有給休暇や病気休暇等とは別に、労働から離れる機会を与えることにより、心身の回復を図るという目的によるものであると解され、夏期冬期休暇の取得の可否や取得し得る日数は上記正社員の勤続期間の長さに応じて定まるものとはされていない。」とした上で、「郵便の業務を担当する時給制契約社員は、契約期間が6か月以内とされるなど、繁忙期に限定された短期間の勤務ではなく、業務の繁閑に関わらない勤務が見込まれているのであって、夏期冬期休暇を与える趣旨は、上記時給制契約社員にも妥当するというべきである。」として、不合理と判断しました。

【補足説明】

これらの事件では、年始期間の祝日給と夏期冬期休暇について、いずれの労働条件についても有期雇用労働者に付与しないことが不合理であると判断していますが、日本郵便（大阪）事件では、年始期間における祝日給の相違について不合理と判断するにあたり、契約更新の事実について触れてはいますが、扶養手当の場合と異なり「有期労働契約の更新を繰り返して勤務する者も存するなど」として、異なった表現（格助詞「が」を副助詞「も」に変えています）を用いています。

さらに、これに伴い、この事件の原審が5年以上の契約期間がある者に限り不合理とした判断を変更したことからも、「継続」は、契約が更新されることによるものではなく、繁忙期以外の期間も継続して勤務することを意味し、その判断の理由としているものと理解されます。

同様に、日本郵便（佐賀）事件でも、夏期冬期休暇について不合理と判断するにあたり、「業務の繁閑に関わらない勤務が見込まれている」ことを理由としていることからも、契約の更新を含め、契約期間の長さそのものを問題としていないことがわかります。

③　無期雇用労働者についての有為人材確保目的

最高裁判決：不合理と判断しなかったもの

　大阪医科薬科大学事件・最高裁判決は、私傷病による欠勤中の賃金について判断するにあたり、その趣旨について「<u>正職員が長期にわたり継続して就労し、又は将来にわたって継続して就労することが期待されることに照らし、正職員の生活保障を図るとともに、その雇用を維持し確保するという目的</u>によるものと解される。このような第1審被告（注：使用者）における私傷病による欠勤中の賃金の性質及びこれを支給する目的に照らすと、同賃金は、このような職員の雇用を維持し確保することを前提とした制度であるといえる。」としました。

　その上で、アルバイト職員の職務の内容及び変更の範囲を検討した上で「このような職務の内容等に係る事情に加えて、アルバイト職員は、契約期間を1年以内とし、更新される場合はあるものの、<u>長期雇用を前提とした勤務を予定しているものとはいい難いことにも照らせば、教室事務員であるアルバイト職員は、上記のように雇用を維持し確保することを前提とする制度の趣旨が直ちに妥当するものとはいえない。また、第1審原告</u>（注：労働者）<u>は、勤務開始後2年余りで欠勤扱いとなり、欠勤期間を含む在籍期間も3年余りにとどまり、その勤続期間が相当の長期間に及んでいたとはいい難く、第1審原告の有期労働契約が当然に更新され契約期間が継続する状況にあったことをうかがわせる事情も見当たらない</u>。」として、不合理であるとは判断しませんでした。

　メトロコマース事件・最高裁判決は、退職金の相違について判断するにあたり、有期雇用労働者の契約期間について「契約期間を1年以内とする有期労働契約を締結した労働者であり、一時的、補完的な業務に従事する者をいうものとされていた。同期間満了後は原則として契約が更新され、就業規則上、定年は65歳と定められていた。なお、契約社員B（注：時給制の有期雇用労働者）の新規採用者の平均年齢は約47歳であっ

た。」としています。

　そして、退職金の趣旨について「<u>正社員としての職務を遂行し得る人</u><u>材の確保やその定着を図るなどの目的</u>から、様々な部署等で継続的に就労することが期待される正社員に対し退職金を支給することとしたものといえる。」としています。

　その上で、「売店業務に従事する正社員と契約社員Ｂの職務の内容等を考慮すれば、<u>契約社員Ｂの有期労働契約が原則として更新するものと</u><u>され、定年が65歳と定められるなど、必ずしも短期雇用を前提としてい</u><u>たものとはいえず、第１審原告（注：労働者）らがいずれも10年前後の</u><u>勤続期間を有していること</u>をしんしゃくしても、両者の間に退職金の支給の有無に係る労働条件の相違があることは、不合理であるとまで評価することができるものとはいえない。」と述べています。

【補足説明】

　これらの事件では、契約が更新される場合があるとしながらも、労働条件の相違について、いずれも不合理と評価されなかったことから、上記の日本郵便事件との違いをどのように理解するかが問題となります。

　ここで、日本郵便（東京）事件の原告である有期雇用労働者（契約社員）の勤務実態からすれば、契約更新を重ね、10年以上の勤務実態があったことが認められていますが、大阪医科薬科大学事件の原告である有期雇用労働者（アルバイト職員）は、総契約期間約３年２か月間のうち、約２年間勤務しその余は休職したものでした。そのため、大阪医科薬科大学事件との違いについては、労働者の勤務実態の相違によるとの見解があります。

　他方、メトロコマース事件との違いについては、やはり、退職金という使用者の裁量の余地が大きな労働条件であり、そのために正社員として有為な人材を確保する目的とともに、それに整合的な意味を有する事情が大きく考慮されたというのが理由であると考えられます。

いずれにしても、賞与や退職金のような使用者に裁量の余地がある場合は別にして、契約が更新されることについては、そのことが考慮されるべき場合（継続的な雇用確保の目的）には当然に考慮されるものの、そもそも考慮するまでもない場合（職務に関連した労働条件等）には考慮するまでもなく不合理と判断される場合があるという理解になろうかと思われます。

（3）契約期間による定量的認定の可否

> Ｑ：日本郵便（大阪）事件・大阪高裁判決のように、契約期間が５年を超える場合については、労働条件の相違が不合理という定量的な判断は許容されないのでしょうか。
>
> Ａ：最高裁判決は、そのことの可否については、明示的に判断していませんが、筆者としては最高裁もそのような判断を否定するものではないと推察しています。

【問題の所在】

　日本郵便（大阪）事件・高裁判決は、年末年始勤務手当及び年始期間における祝日給と祝日割増賃金との相違について、契約期間を通算して５年を超える場合は不合理と判断しましたが、そのような認定は許容されないのでしょうか。

最高裁判決：高裁判決を変更したもの

　日本郵便（大阪）事件・最高裁判決は、年末年始手当及び年始期間の祝日給の相違について、原審である同事件・大阪高裁判決が「本件契約社員であっても、通算雇用期間が５年を超える場合には、上記相違を設ける根拠は薄弱なものとならざるを得ず、上記相違は、同条にいう不合理と認められるものに当たる。」としたことについて、「しかしながら、

原審の上記判断はいずれも是認することができない。その理由は、次のとおりである。」と述べて、いずれについても不合理との判断は維持しましたが、「5年を超える場合」という定量的な認定はしませんでした。

　なお、最高裁判決は、このような認定自体については、何ら判断を示していません。

【補足説明及び筆者の見解】

　最高裁判決のこのような判断について、「契約期間を通算して5年を超える」といった定量的な判断基準を付すべきでないという解釈を示したと理解する見解もありますが、筆者としては、そのように理解できないものと考えています。

ア．高裁の認定した趣旨を変更したことに伴う結論の変更

　日本郵便（大阪）事件・最高裁判決が、年末年始手当及び年始期間の祝日給について上告理由として受理して判断をした理由は、それら手当の趣旨について、原審である同事件・大阪高裁判決が、長期雇用を前提とした手当と解した点で、その判断に誤りがあると判断したからだと解されます（理由の詳細については次章の該当箇所（148頁以下）をご覧ください）。

　そのため、同事件・最高裁判決は、手当の趣旨について判断を変更し、その結果、「契約期間を通算して5年を超える」という基準が妥当せず、そのことも変更したものと考えられます。

イ．夏期冬期休暇及び病気休暇の判断との整合性

　日本郵便（大阪）事件の原審である同事件・大阪高裁判決は、夏期冬期休暇及び病気休暇（いずれも有給）について、いずれについても、契約期間5年を超える有期雇用労働者に対して、それを付与しないことを不合理と判断しましたが、最高裁は、これについては、上告審と

して判断することなく確定させました。

さらに、日本郵便（東京）事件の原審である東京高裁判決は、病気休暇及び夏期冬期休暇についていずれも不合理と判断しましたが、契約期間による留保を付したものではありませんでした。これについて同事件・最高裁判決は、病気休暇については使用者からの上告受理申立てを受理しながら、不合理であるとの判断を維持しましたし、夏期冬期休暇に対する判断は、財産的損害と認められるかについては判断しましたが、不合理と認められるかについては、上告審として判断することなく確定させました。

そのため、最高裁がそれについて明示的に判断を変更したものでもなく、それについて何も判断を示さないことからすれば、最高裁は、このような「契約期間5年を超える」という定量的な認定を許容していないものとは判断し得ません。

ウ．結　論

そうであれば、最高裁は、原審である大阪高裁判決が夏期冬期休暇及び病気休暇について「不合理」と判断したことについて、その判断に問題がないと解しているはずです。そして、最高裁が、積極的にそれを肯定しているとまではいえないとしても、少なくとも、定量的な判断をしたことだけを理由に上告審としてそれを変更するほどの重要な問題ではないと考えていることまでは推測することができるはずです。

そして、このように理解することで、最高裁の示した判断と、最高裁が判断せずに高裁判決の判断を確定させたものについて、整合的に理解することができます。

（4）割合的認定（数値化・定量化）の可否

> **Q**：手当の相違について、割合的に（例えば、無期雇用労働者の半分）すら支給しない場合に、不合理と判断されるような場合はありますか。
>
> **A**：最高裁判決は、そのことの可否については、明示的に判断していませんが、筆者としては、最高裁も、そのような判断を否定するものではないと推察しています。

【問題の所在】

　メトロコマース事件・東京高裁判決及び大阪医科薬科大学事件・大阪高裁判決は、いずれも、無期雇用労働者に支給される退職金、賞与に対する一定の割合以上のそれらを支給しない場合は不合理と判断しましたが、各事件の最高裁判決は、結論として、一切支給しなくとも不合理でないと判断しました。

　割合的認定が許容されるのかどうかという点について、どのように理解すべきでしょうか。

最高裁判決：高裁の判断が覆されたもの

　メトロコマース事件・最高裁判決の原審である東京高裁判決は、退職金について「第1審被告（注：使用者）においては、契約社員B（注：労働者・時給制の有期雇用労働者）は契約期間が1年以内の有期契約労働者であり、賃金の後払いが予定されているとはいえないが、原則として契約が更新され、定年が65歳と定められており、実際に第1審原告らは定年により契約が終了するまで10年前後の長期間にわたって勤務したことや、契約社員A（注：月給制の有期雇用労働者）は平成28年4月に職種限定社員として無期契約労働者となるとともに退職金制度が設けられたことを考慮すれば、少なくとも長年の勤務に対する功労報償の性格

を有する部分に係る退職金、具体的には正社員と同一の基準に基づいて算定した額の4分の1に相当する額すら一切支給しないことは不合理である。」と判断しました。

　しかし、同事件最高裁判決は、これについて是認することができないとして、不合理であるとまで評価することができるものとはいえない、と判断を覆しました。

　大阪医科薬科大学事件・最高裁判決の原審である大阪高裁判決は、賞与について「第1審被告（注：使用者）の正職員に対する賞与は、その支給額が基本給にのみ連動し、正職員の年齢や成績のほか、第1審被告の業績にも連動していない。そうすると、上記賞与は、正職員としてその算定期間に在籍し、就労していたことの対価としての性質を有するから、同期間に在籍し、就労していたフルタイムのアルバイト職員に対し、賞与を全く支給しないことは不合理である。そして、正職員に対する賞与には付随的に長期就労への誘因という趣旨が含まれることや、アルバイト職員の功労は正職員に比して相対的に低いことが否めないことに加え、契約職員には正職員の約80%の賞与が支給されていることに照らすと、第1審原告（注：労働者）につき、平成25年4月に新規採用された正職員と比較し、その支給基準の60%を下回る部分の相違は不合理と認められるものに当たる。」と判断しました。

　また、私傷病による欠勤中の賃金についても、同様に「第1審原告（注：労働者）につき、欠勤中の賃金のうち給料1か月分及び休職給2か月分を下回る部分の相違は不合理と認められるものに当たる。」と判断しました。

　しかし、同事件・最高裁判決は、いずれについても是認することができないとして、不合理というものにあたらないと解するのが相当である、と判断を覆しました。

【補足説明】

旧労契法20条に関する各最高裁判決において、上記2事件については、原審が、不合理性について数値化して、割合的に不合理な場合にあたると判断をしました（日本郵便（大阪）事件では、契約期間を問題として5年を超える場合を不合理として数値化しましたが、労働条件そのものを割合的に数値化・定量化したこれらとは別のものとして捉えておきます）。

これに対し、上記のとおり、各最高裁判決は、割合的に認定したことの是非それ自体について触れることなく、いずれの事件についても不合理性を否定しました。

そのため、これらの判断から、最高裁判決としては、不合理との認定について、割合的な認定を認めていないとの見解もあるところです。

【筆者の見解】

ア．労使交渉の尊重と司法判断による介入の謙抑性

確かに、各最高裁判決で「労使交渉」が強調されることからすれば、裁判所が積極的に労働条件を割合的に数値化してまでその判断に介入すべきでなく、割合的な認定によらずとも不合理と認められる場合以外、そのような判断を示すべきではないとも思われます。

しかし、これらの事件は、退職金及び賞与等が問題となったものであり、最高裁判決は、正社員として有為な人材を確保するという主観的な趣旨・目的を認めるとともに、その裁量を尊重すべき余地が大きいとして不合理性を認めなかったのが大きな理由であって、割合的な認定自体を殊更否定したものではありません。大阪医科薬科大学事件・最高裁判決の病気休暇についても、アルバイト職員の勤務実態に照らせば認め難いというのも理解できます。

イ．最高裁判決の反対意見等の存在

　また、メトロコマース事件・最高裁判決の宇賀克也裁判官は、反対意見で「原審の判断をあえて破棄するには及ばないものと考える。」と述べており、割合的な認定それ自体が否定されるものではないとの理解が含意されているものと推察します。

　さらに、意識してのことかどうかは明らかではありませんが、短時間・有期雇用労働法8条の改正がなされる前に出されたハマキョウレックス事件及び長澤運輸事件の各最高裁判決においては、所定労働時間について明示的に触れた箇所はありませんでしたが、同条改正後の大阪医科薬科大学事件、メトロコマース事件及び日本郵便事件の各最高裁判決は、いずれも、無期雇用労働者と有期雇用労働者の所定労働時間について確認しています。このことは、旧労契法20条を承継した短時間・有期雇用労働法8条は、有期雇用労働者との労働条件の相違だけでなく短時間労働者との待遇（労働条件）の相違を問題としていることから、今後、どの程度で均衡待遇が満たされると認められるのか、所定労働時間を考慮した割合的な判断が必要な場面も予想されることを踏まえてのことのようにも解し得ます。

ウ．下級審の判断等

　日本郵便事件の各高裁判決の判断で確定したもののうち、外務業務手当のように、正社員（無期雇用労働者）にしか支給されない場合において、別の名称の同種の手当が契約社員（有期雇用労働者）に支給されているとき、その手当の支給額に相違があっても、不合理とは判断していません。もちろん、支給額の比較だけで不合理と判断しなかったものではありませんが、実質的には、割合的にみて不合理とはいえないという判断を許容する考え方に通じるといえます。

　そのため、下級審裁判例ですが、令和2年10月28日名古屋地裁判決（名古屋自動車学校事件）が、6割を下回る基本給を不合理と判断し

た事件もあるところです。

エ. 結　論
　以上のことから、筆者としては、割合的な認定も許容されると考えるものですが、他方で労使交渉による労働条件の決定を尊重すべきとの考えも十分に理由があることから、今後の裁判例の動向等を注視しておく必要があると考えるところです。

（5）正社員登用制度
　　～労働条件の相違是正の機会保障？～

> Ｑ：正社員登用制度があることは、労働条件の相違の不合理判断に際して、考慮されないのでしょうか。
>
> Ａ：考慮されるべき事情のひとつとして判断されています。

【問題の所在】
　正社員登用制度（無期雇用労働者への登用制度）を設けていれば、労働条件に相違があるとしても、その是正のための機会が保障されている以上、不合理性の判断において考慮されるのでしょうか。

最高裁判決：不合理と認められない具体的な理由として明示したもの

　大阪医科薬科大学事件・最高裁判決は、原審の適法に確定した事実関係等の概要として「第1審被告（注：使用者）においては、アルバイト職員から契約職員、契約職員から正職員への試験による登用制度が設けられていた。前者については、アルバイト職員のうち、1年以上の勤続年数があり、所属長の推薦を受けた者が受験資格を有するものとされ、

受験資格を有する者のうち3～5割程度の者が受験していた。平成25年から同27年までの各年においては16～30名が受験し、うち5～19名が合格した。また、後者については、平成25年から同27年までの各年において7～13名が合格した。」としています。

その上で、賞与について検討するにあたり「アルバイト職員（注：この事件の原告である有期雇用労働者）については、契約職員及び正職員へ段階的に職種を変更するための試験による登用制度が設けられていたものである。」と述べ、考慮すべき事情として判断しました。

また、私傷病による欠勤中の賃金について検討するにあたっても「さらに、教室事務員である正職員が、極めて少数にとどまり、他の大多数の正職員と職務の内容及び変更の範囲を異にするに至っていたことについては、教室事務員の業務の内容や人員配置の見直し等に起因する事情が存在したほか、職種を変更するための試験による登用制度が設けられていたという事情が存在するものである。」としてこのことを考慮しました。

結果として、いずれの相違についても不合理とは判断しませんでした。

メトロコマース事件・最高裁判決は、原審の適法に確定した事実関係等の概要として「第1審被告（注：使用者）においては、契約社員B（注：この事件の原告である時給制有期雇用労働者）から契約社員A、契約社員Aから正社員への登用制度が設けられ、平成22年度から導入された登用試験では、原則として勤続1年以上の希望者全員に受験が認められていた。平成22年度から同26年度までの間においては、契約社員Aへの登用試験につき受験者合計134名のうち28名が、正社員への登用試験につき同105名のうち78名が、それぞれ合格した。」としています。

その上で、退職金について検討するにあたり「第1審被告は、契約社員A及び正社員へ段階的に職種を変更するための開かれた試験による登用制度を設け、相当数の契約社員Bや契約社員Aをそれぞれ契約社員A

や正社員に登用していたものである。」と述べ、「その他の事情」に含めて考慮することとしました。

結果として、退職金の相違について不合理とは判断しませんでした。

加えて、契約社員Aの名称が「職種限定社員」に改められるとともに、無期雇用労働者となり退職金制度が設けられたことに触れた上で「契約社員Bと職種限定社員との間には職務の内容及び変更の範囲に一定の相違があることや、契約社員Bから契約社員Aに職種を変更することができる前記の登用制度が存在したこと等からすれば、無期契約労働者である職種限定社員に退職金制度が設けられたからといって、上記の判断を左右するものでもない。」と述べています。

最高裁判決：制度の存在を適示するに留めたもの

日本郵便（大阪）事件・最高裁判決は、原審の確定した事実関係等の概要として「（注：第1の2（7））本件契約社員に対しては、正社員に登用される制度が設けられており、人事評価や勤続年数等に関する応募要件を満たす応募者について、適性試験や面接等により選考される。」としています。

その上で、労働条件の相違について不合理性を検討するにあたり「前記第1の2（5）～（7）のとおり、郵便の業務を担当する正社員と本件契約社員との間に労働契約法20条所定の職務の内容や当該職務の内容及び配置の変更の範囲その他の事情につき相応の相違があること等を考慮しても」と述べて正社員登用制度が考慮されていることがうかがわれるようなことを述べていますが、考慮した事情として、明示的には登用制度を挙げてはいません。

日本郵便（東京）事件・最高裁判決も同様に判断しました。

【補足説明】

正社員登用制度は、【問題の所在】でも触れましたが、相違を是正す

る機会を提供する制度と理解すれば、不合理との評価を障害する方向に作用するものとも思えますが、他方で、機会が与えられても活用し得ない者にとっては意味のない制度ですし、加えていえば、期間の定めによる労働条件の相違があることを前提に、それが不合理でないことが求められている以上、そのような制度を考慮すべきではないと考えることもできます。

これらの最高裁判決からは、無期雇用労働者への登用制度があったとしても、そのことが、どのような労働条件の相違において具体的な意味を有するものかを一義的には確定し得ませんが、大阪医科薬科大学事件及びメトロコマース事件と各日本郵便事件における用いられ方を比較すれば、不合理との評価を障害する方向に作用するものとされているように理解されます。

また、大阪医科薬科大学事件の賞与及びメトロコマース事件の退職金について、その趣旨として有為な人材確保目的を肯定していることからすれば、正社員登用制度を設けるかどうかは使用者の裁量に委ねられることから、このような主観的な趣旨・目的で定められた労働条件においては、考慮されやすい事情であるとも思われます。

ただし、大阪医科薬科大学事件及びメトロコマース事件では、正社員登用制度により実際に登用される者が少なからず存在することも前提とされていることに注意が必要です。単に制度があるということだけで考慮されるものとは思われません。

（6）退職金の特殊性　～原資の積立等の必要性～

> Ｑ：退職金の相違について不合理と判断された場合、他の手当等
> 　　と比較して影響が大きいと思われますが、その点は考慮され
> 　　ないのでしょうか。
> Ａ：裁判官が補足意見において、長期間にわたって原資を確保す
> 　　る必要性などから、使用者の裁量判断を尊重する余地が大き
> 　　いと指摘しています。

【問題の所在】

　退職金制度は、一朝一夕に創設できるものではありませんし、制度を制定すれば、長い期間それを維持する必要もあります。旧労契法20条を理由に、他の諸手当と同様に不合理と判断され、損害賠償が認められる場合の影響が大きいといえます。そのような退職金の特殊性は考慮されないのでしょうか。

最高裁判決：補足意見として使用者の裁量に言及したもの

　メトロコマース事件・最高裁判決は、退職金の趣旨について「このような第１審被告（注：使用者）における退職金の支給要件や支給内容等に照らせば、上記退職金は、上記の職務遂行能力や責任の程度等を踏まえた労務の対価の後払いや継続的な勤務等に対する功労報償等の複合的な性質を有するものであり、第１審被告は、正社員としての職務を遂行し得る人材の確保やその定着を図るなどの目的から、様々な部署等で継続的に就労することが期待される正社員に対し退職金を支給することとしたものといえる。」として、結果として、不合理な相違とは認めませんでした。

　その上で、林景一裁判官が、退職金の相違の判断の在り方等について

「有期契約労働者がある程度長期間雇用されることを想定して採用されており、有期契約労働者と比較の対象とされた無期契約労働者との職務の内容等が実質的に異ならないような場合には、両者の間に退職金の支給に係る労働条件の相違を設けることが不合理と認められるものに当たると判断されることはあり得るものの、上記に述べたとおり、その判断に当たっては、企業等において退職金が有する複合的な性質やこれを支給する目的をも十分に踏まえて検討する必要がある。退職金は、その支給の有無や支給方法等につき、労使交渉等を踏まえて、賃金体系全体を見据えた制度設計がされるのが通例であると考えられるところ、退職金制度を持続的に運用していくためには、その原資を長期間にわたって積み立てるなどして用意する必要があるから、退職金制度の在り方は、社会経済情勢や使用者の経営状況の動向等にも左右されるものといえる。そうすると、退職金制度の構築に関し、これら諸般の事情を踏まえて行われる使用者の裁量判断を尊重する余地は、比較的大きいものと解されよう。」と補足意見を述べています。

　また、宇賀克也裁判官は反対意見を述べたものですが、「林景一裁判官の補足意見が指摘するとおり、退職金は、その原資を長期間にわたって積み立てるなどして用意する必要があること等からすれば、裁判所が退職金制度の構築に関する使用者の裁量判断を是正する判断をすることには慎重さが求められるということもできる。」と述べています。

【補足説明】

　最高裁判決には、裁判官の「意見」を表示しなければならないこととなっています（裁判所法11条）。

　そのため、最高裁判決書の理由の末尾に「裁判官全員一致の意見で、主文のとおり判決する。」と記載があるわけです。

　しかし、判決としての一定の結論が出たとしても、全ての裁判官が同

じ意見を有しているとは限りません。判決も多数決でその結論が決まるため、結論を導くために必要な意見とは異なる意見を有する裁判官もいるはずです。その場合、別途、「意見」「補足意見」「反対意見」が記載されることとなります。

ここで、「補足意見」は、判決の結論となった理由に記載された意見に賛成しながら、さらに補足・追加して意見を示す場合のそれをいいます。

それに対して、「反対意見」は、判決の結論と異なった結論に至る意見を有する場合のそれをいいます。

また、「意見」は、判決に示された結論と同じ結論を導く意見でありながら、多数意見と異なる場合のそれをいいます。

上記事件の最高裁判決に示された補足意見及び反対意見はそのような区別を前提に示されたものです。

第3章
最高裁判決の示した判断（事例）

　本章は、各事件の最高裁判決が判断した各労働条件の相違について、前章で確認した判断枠組みに沿って、不合理と認められるかについて、具体的な判断過程をみていくものです。

　前章では、最高裁判決が労働条件の相違を判断する過程で示された判断枠組みやそれから導かれる判断の準則等について示し、理論的に、考慮されるべき事情が、判断対象となる労働条件の趣旨・目的・性質から合目的的に選択されることについて述べました。

　もっとも、労働条件の中心ともいえる賃金（手当）は「労務の対価」である以上、多くの労働条件の相違の判断において、その職務の内容や変更の範囲が考慮され、無期雇用労働者との比較において得られた相違も考慮されるべき事情とされる場合が多くあることは否定し得ません。

　そのため、本章では、最高裁判決の理論的な理解としては筆者の見解に立つものではありますが、考慮すべき事情の整理としては、概ね、職務の内容、変更の範囲、その他の事情という視点で行っています。

1 ハマキョウレックス事件

（1）考慮すべき事情

> Ｑ：ハマキョウレックス事件では、どのような事情が考慮されましたか。
>
> Ａ：トラック運転手として、無期雇用労働者と有期雇用労働者の職務の内容に相違はなく、変更の範囲について相違があることが考慮されました。

【職務の内容及び変更の範囲に関連する事情】

　ハマキョウレックス事件・最高裁判決は、原審（同事件・大阪高裁判決）の確定した事実関係等の概要として「上告人（注：使用者）の彦根支店における<u>トラック運転手の業務の内容には、契約社員と正社員との間に相違はなく、当該業務に伴う責任の程度に相違があったとの事情もうかがわれない。</u>」と述べて、職務の内容について、相違がなかったものとしています。

　他方で、変更の範囲については「本件正社員就業規則には、上告人（注：使用者）は業務上必要がある場合は従業員の就業場所の変更を命ずることができる旨の定めがあり、<u>正社員については出向を含む全国規模の広域異動の可能性があるが、本件契約社員就業規則には配転又は出向に関する定めはなく、契約社員については就業場所の変更や出向は予定されていない。正社員については、公正に評価された職務遂行能力に見合う等級役職への格付けを通じて、従業員の適正な処遇と配置を行うととも</u>

に、教育訓練の実施による能力の開発と人材の育成、活用に資すること
を目的として、等級役職制度が設けられているが、契約社員については
このような制度は設けられていない。」として、変更の範囲に相違があっ
たとしています。

【補足説明】

　この事件は、労働者の従事する業務の内容が、トラック運転手という
点で職務の内容について相違がありませんでしたが、配置転換や出向が
予定されている点で変更の範囲に相違があるとしたものです。

　また、等級役職制度について触れている箇所は、業務に伴う責任の程
度が変更されると判断したものと思われます。

（2）皆勤手当

> **Q**：ハマキョウレックス事件で、大阪高裁と最高裁とで判断が異
> なった手当はありますか。
>
> **A**：皆勤手当について、大阪高裁が不合理と認められるものとは
> 判断しなかったところ、最高裁は、これについて不合理と認
> められるものと判断しました。

【趣旨・目的・性質】

　ハマキョウレックス事件・最高裁判決は、無期雇用労働者に適用され
る給与規程において、同手当について「乗務員が全営業日に出勤したと
きは皆勤手当として月額１万円を支給する」との規定があることを前提
に、その趣旨について「上告人（注：使用者）においては、正社員であ
る乗務員に対してのみ、所定の皆勤手当を支給することとされている。
この皆勤手当は、上告人が運送業務を円滑に進めるには実際に出勤する

トラック運転手を一定数確保する必要があることから、<u>皆勤を奨励する趣旨</u>で支給されるものであると解される」としています。

【不合理と認められるかについての判断】

　同事件・最高裁判決は、職務の内容等の相違について「両者の職務の内容に違いはないが、職務の内容及び配置の変更の範囲に関しては、<u>正社員は、出向を含む全国規模の広域異動の可能性があるほか、等級役職制度が設けられており、職務遂行能力に見合う等級役職への格付けを通じて、将来、上告人の中核を担う人材として登用される可能性があるのに対し、契約社員は、就業場所の変更や出向は予定されておらず、将来、そのような人材として登用されることも予定されていないという違いがある</u>ということができる。」と判断しました。

　その上で、皆勤手当について「上告人の乗務員については、契約社員と正社員の職務の内容は異ならないから、<u>出勤する者を確保することの必要性については、職務の内容によって両者の間に差異が生ずるものではない。また、上記の必要性は、当該労働者が将来転勤や出向をする可能性や、上告人の中核を担う人材として登用される可能性の有無といった事情により異なるとはいえない</u>。そして、本件労働契約及び本件契約社員就業規則（注：有期雇用労働者に適用される就業規則）によれば、契約社員については、上告人の業績と本人の勤務成績を考慮して昇給することがあるとされているが、昇給しないことが原則である上、皆勤の事実を考慮して昇給が行われたとの事情もうかがわれない。」として、旧労契法20条の規定する不合理と認められるものにあたると判断しました。

　この点、同事件の大阪高裁判決は、有期雇用労働者に適用される就業規則において「基本給は、時間給として職務内容等により個人ごとに定められ……、昇給を原則として行わないものの、会社の業績と本人の勤

務成績を考慮の上昇給することがある……とされている。」「以上のような本件契約社員就業規則の規定に鑑みると、契約社員が全営業日に出勤した場合には、1審被告の業績と本人の勤務成績を考慮して昇給することがあり得るほか、有期労働契約の更新時に基本給である時間給の見直し（時間給の増額）が行われることがあり得るのであり、現に、1審原告（注：労働者）の時間給は、……本件有期労働契約当時の1150円から1160円に増額されていることを指摘することができる。」「以上の諸点に照らすと、1審被告（注：使用者）が正社員に対してのみ皆勤手当月額1万円を支給し、契約社員には同手当を支給しない扱いをすることが、労働契約法20条にいう『不合理と認められるもの』に当たると認めることまではできないというべきである。」と判断していました。

【補足説明】

　最高裁判決の判断において「本件労働契約及び本件契約社員就業規則によれば、契約社員については、上告人の業績と本人の勤務成績を考慮して昇給することがあるとされているが、昇給しないことが原則である上、皆勤の事実を考慮して昇給が行われたとの事情もうかがわれない。」と述べる点は、これについて、それが事実であれば考慮されるべきと考えられます。

　しかし、最高裁判決は、大阪高裁判決が、時間給が増額されたことを認めていながらも、それが皆勤の事実によるものとまで認定されていないことを前提として、結論として考慮しなかったものと思われます。

（3）住宅手当

Q：ハマキョウレックス事件で、大阪高裁が「不合理と認められるもの」にあたらないと判断した手当で、最高裁も同様の判断を示したものはありますか。

A：住宅手当について、最高裁は、無期雇用労働者のほうが、有期雇用労働者と比較して住宅に要する費用が多額となり得るとして、不合理とは認めませんでした。

【趣旨・目的・性質】

　ハマキョウレックス事件・最高裁判決は、無期雇用労働者に適用される給与規程において、同手当について「21歳以下の従業員に対しては月額5000円、22歳以上の従業員に対しては月額2万円の住宅手当を支給する」との規定があることを前提に「従業員の住宅に要する費用を補助する趣旨で支給されるものと解される」としています。

【不合理と認められるかについての判断】

　同事件・最高裁判決は、職務の内容等の相違について、職務の内容に違いはないが、変更の範囲に関しては、出向を含む全国規模の広域異動の可能性の有無という違いがあると判断した上で、住宅手当について「契約社員については就業場所の変更が予定されていないのに対し、正社員については、転居を伴う配転が予定されているため、契約社員と比較して住宅に要する費用が多額となり得る。」として、旧労契法20条の規定する不合理と認められるものにあたらないと判断しました。

　この点、同事件の大阪高裁判決は「転居を伴う配転（転勤）が予定されており、配転が予定されない契約社員と比べて、住宅コストの増大（例

えば、転勤に備えて住宅の購入を控え、賃貸住宅に住み続けることによる経済的負担等）が見込まれる」と述べています。

そして、この点に関連して「住宅手当のほかに、転勤を命じられ赴任した者に対し、特に必要と認めた場合には、原則5万円を限度に家賃補給金を支給するものとされている（ただし、自宅より通勤できる者は除く。）が、正社員に対して同条所定の事由が認められた場合に家賃補給金が支給されることがあるとしても、前記の住宅コストの増大が見込まれることに変わりはない。」とも述べています。

【補足説明】

同事件の大阪高裁判決は「長期雇用関係を前提とした配置転換のある正社員への住宅費用の援助及び福利厚生を手厚くすることによって、有能な人材の獲得・定着を図るという目的自体は、1審被告（注：使用者）の経営ないし人事労務上の判断として相応の合理性を有するものと理解することができる。」と述べて、いわゆる有為人材確保目的を肯定しています。

しかし、同事件の最高裁判決は、大阪医科薬科大学事件やメトロコマース事件と異なり、この点については触れていません。おそらく、賞与や退職金と異なり、住宅手当を付けることにより有為な人材が確保しやすくなるという（因果）関係が容易には認め難く、使用者の主張する主観的な目的について客観的な裏付け等のないまま考慮することを認めなかったものと思われます。

（4）無事故手当・作業手当

> **Q**：ハマキョウレックス事件で、大阪高裁が「不合理と認められるもの」にあたると判断した職務に関連する手当で、最高裁も同様の判断を示したものはありますか。
>
> **A**：無事故手当及び作業手当について、最高裁も不合理と認めました。

① 無事故手当
【趣旨・目的・性質】

　ハマキョウレックス事件・最高裁判決は、無期雇用労働者に適用される給与規程において、同手当について「乗務員が1か月間無事故で勤務したときは無事故手当として1万円を支給する」との規定があることを前提に「優良ドライバーの育成や安全な輸送による顧客の信頼の獲得を目的として支給されるものであると解される」としています。同事件・大阪高裁判決も同様に述べています。

【不合理と認められるかについての判断】

　同事件・最高裁判決は「上告人（注：使用者）の乗務員については、契約社員と正社員の職務の内容は異ならないから、安全運転及び事故防止の必要性については、職務の内容によって両者の間に差異が生ずるものではない。また、上記の必要性は、当該労働者が将来転勤や出向をする可能性や、上告人の中核を担う人材として登用される可能性の有無といった事情により異なるものではない。加えて、無事故手当に相違を設けることが不合理であるとの評価を妨げるその他の事情もうかがわれない。」として、旧労契法20条の規定する不合理と認められるものにあたると判断しました。

② 作業手当

【趣旨・目的・性質】

　ハマキョウレックス事件・最高裁判決は、無期雇用労働者に適用される給与規程において、同手当について「特殊業務に携わる従業員に対して月額1万円から2万円までの範囲内で作業手当を支給する」との規定があるとしながら「当該作業手当の支給対象となる特殊作業の内容について具体的に定めていないから、これについては各事業所の判断に委ねる趣旨であると解される。そして、被上告人（注：労働者）が勤務する彦根支店では、<u>正社員に対して作業手当として一律に月額1万円が支給されている。上記の作業手当は、特定の作業を行った対価として支給されるものであり、作業そのものを金銭的に評価して支給される性質の賃金であると解される。</u>」としています。

【不合理と認められるかについての判断】

　同事件・最高裁判決は「上告人（注：使用者）の乗務員については、<u>契約社員と正社員の職務の内容は異ならない。また、職務の内容及び配置の変更の範囲が異なることによって、行った作業に対する金銭的評価が異なることになるものではない。加えて、作業手当に相違を設けることが不合理であるとの評価を妨げるその他の事情もうかがわれない。</u>」として、旧労契法20条の規定する不合理と認められるものにあたると判断しました。

　なお、同事件の大阪高裁判決は、使用者が「作業手当は、元来、乗務員の手積み、手降ろし作業に対応して支給されていたものであるが、現在は、正社員に一律に支給されており、実質的に基本給としての性質を有しているものであるから、その支給不支給の区別が不合理であるということはできない」と主張したのに対して「過去に手で積み降ろしの仕事をしていたドライバーが正社員のみであり、契約社員のドライバーが

かかる仕事に従事したことはないことを認めるに足りる証拠は見当たらないし、作業手当が現在は実質上基本給の一部をなしている側面があるとしても、本件正社員給与規程において、特殊業務に携わる者に対して支給する旨を明示している以上、作業手当を基本給の一部と同視することはできない。」と述べて不合理と認められるものにあたると判断しています。

（5）給食・通勤手当

Q：ハマキョウレックス事件で、大阪高裁が「不合理と認められるもの」にあたると判断した職務との関連が薄い手当で、最高裁も同様の判断を示したものはありますか。

A：給食手当及び通勤手当について、最高裁も不合理と認めました。

---

① 給食手当
【趣旨・目的・性質】

　ハマキョウレックス事件・最高裁判決は、無期雇用労働者に適用される給与規程において、同手当について「従業員の給食の補助として月額3500円の給食手当を支給する」との規定があることを前提に「この給食手当は、従業員の食事に係る補助として支給されるものであるから、<u>勤務時間中に食事を取ることを要する労働者に対して支給することがその趣旨にかなうものである</u>」としています。

【不合理と認められるかについての判断】

　同事件・最高裁判決は「上告人（注：使用者）の乗務員については、<u>契約社員と正社員の職務の内容は異ならない上、勤務形態に違いがある</u>

などといった事情はうかがわれない。また、職務の内容及び配置の変更の範囲が異なることは、勤務時間中に食事を取ることの必要性やその程度とは関係がない。加えて、給食手当に相違を設けることが不合理であるとの評価を妨げるその他の事情もうかがわれない。」として、旧労契法20条の規定する不合理と認められるものにあたると判断しました。

なお、同事件の大阪高裁判決は、使用者が同手当について有為な人材を確保する目的があると主張したことについて「長期雇用関係の継続を前提とする正社員の福利厚生を手厚くすることにより優秀な人材の獲得・定着を図るという目的自体は、1審被告（注：使用者）の経営ないし人事労務上の判断として一定の合理性を有するものと理解することができる」としながら、給食手当があくまで給食の補助として支給されるものであるという理由から、不合理と認められるものにあたると判断しています。

② 通勤手当

【趣旨・目的・性質】

ハマキョウレックス事件・最高裁判決は、無期雇用労働者に適用される給与規程において、同手当について「常時一定の交通機関を利用し又は自動車等を使用して通勤する従業員に対し、交通手段及び通勤距離に応じて所定の通勤手当を支給する」との規定があることを前提に「この通勤手当は、通勤に要する交通費を補填する趣旨で支給されるものである」としています。

【不合理と認められるかについての判断】

同事件・最高裁判決は「労働契約に期間の定めがあるか否かによって通勤に要する費用が異なるものではない。また、職務の内容及び配置の変更の範囲が異なることは、通勤に要する費用の多寡とは直接関連する

ものではない。加えて、通勤手当に差違を設けることが不合理であるとの評価を妨げるその他の事情もうかがわれない。」として、旧労契法20条の規定する不合理と認められるものにあたると判断しました。

　なお、同事件の大阪高裁判決は、使用者が同手当について「正社員は、人材活用の仕組みから生じ得る転勤を伴う配転が予定されており、勤務地によっては長距離通勤となって交通費が高額になることが想定される一方で、契約社員にはそのような配転は予定されていない」と主張したことについて、「同手当の性質等に照らし、合理性を肯定することができない」としています。

　また、同様に「契約社員は、必ずしも正社員と同じ勤務日数になるとは限らず、勤務シフトによっては正社員を下回る勤務日数となり得る。この点について、通勤手当を日額で定めれば、契約社員にも正社員と同等の通勤手当を支給することは可能であるが、給与計算事務が煩雑となることは否めない。」との主張について、「給与計算事務が煩雑になることを労働契約法20条の不合理性の判断に当たって考慮することは相当ではない」として、不合理と認められるものにあたると判断しています。

2 長澤運輸事件

（1）考慮すべき事情

> **Q**：長澤運輸事件では、どのような事情が考慮されましたか。
>
> **A**：バラセメントタンク車の乗務員として、無期雇用労働者と有期雇用労働者との職務の内容及び変更の範囲について相違があるとは認められませんでしたが、定年退職後再雇用されたものであることが考慮されました。

【職務の内容及び変更の範囲に関連する事情】

　長澤運輸事件・最高裁判決は、原審（同事件・東京高裁判決）の確定した事実関係等の概要として「嘱託乗務員である上告人（注：労働者）らの業務の内容は、バラ車（注：バラセメントタンク車）に乗務して指定された配達先にバラセメントを配送するというものであり、正社員との間において、業務の内容及び当該業務に伴う責任の程度に違いはない。また、本件各有期労働契約においては、正社員と同様に、被上告人（注：使用者）の業務の都合により勤務場所及び担当業務を変更することがある旨が定められている。」と述べて、職務の内容及び変更の範囲について、相違がなかったものとしています。

【再雇用労働者であるという事情】

　他方で、同事件・最高裁判決は、「有期契約労働者が定年退職後に再雇用された者であることは、当該有期契約労働者と無期契約労働者との

労働条件の相違が不合理と認められるものであるか否かの判断におい
て、労働契約法20条にいう『その他の事情』として考慮されることとな
る事情に当たると解するのが相当である。」として、そのことを踏まえ
て労働条件が設定されたことについて考慮することとしました。

　もっとも、同事件の東京高裁判決が「法的には、それまでの雇用関係
を消滅させて、退職金を支給した上で、新規の雇用契約を締結するもの
であることを考慮すると、定年後継続雇用者の賃金を定年時より引き下
げることそれ自体が不合理であるということはできない。」などとして、
定年後再雇用であること自体を理由に労働条件の相違を不合理と認めら
れるものにあたらないと判断していますが、同事件・最高裁判決は、定
年後再雇用であることの一事のみを理由に不合理性の判断をしていない
ことに注意が必要です。

（2）精勤手当・時間外手当

> **Q**：長澤運輸事件で、東京高裁と最高裁とで判断が異なった手当
> はありますか。
>
> **A**：精勤手当及び時間外手当と超勤手当の相違について、東京高
> 裁が不合理と認められるものとは判断しなかったところ、最
> 高裁は、これについて不合理と認められるものと判断しまし
> た。

① 精勤手当
【趣旨・目的・性質】
　長澤運輸事件・最高裁判決は、無期雇用労働者に適用される就業規則
において、同手当について「従業員規則所定の休日を除いて全ての日に
出勤した者に精勤手当を支払う。その額は月額5000円とする。」との規

定があることを前提に、その趣旨について「被上告人（注：使用者）における精勤手当は、その支給要件及び内容に照らせば、従業員に対して<u>休日以外は1日も欠かさずに出勤することを奨励する趣旨で支給されるもの</u>であるということができる」としています。

【不合理と認められるかについての判断】

同事件・最高裁判決は「<u>被上告人の嘱託乗務員と正社員との職務の内容が同一である以上、両者の間で、その皆勤を奨励する必要性に相違はないというべきである。</u>」として、旧労契法20条の規定する不合理と認められるものにあたると判断しました。

なお、同事件・最高裁判決は、「ある賃金項目の有無及び内容が、他の賃金項目の有無及び内容を踏まえて決定される場合もあり得るところ、そのような事情も、有期契約労働者と無期契約労働者との個々の賃金項目に係る労働条件の相違が不合理と認められるものであるか否かを判断するに当たり考慮されることになるものと解される。」と述べています。

そのため、精勤手当について上記のように判断をするにあたり「嘱託乗務員の歩合給に係る係数が正社員の能率給に係る係数よりも有利に設定されていることには、被上告人（注：使用者）が嘱託乗務員に対して労務の成果である稼働額を増やすことを奨励する趣旨が含まれているとみることもできるが、精勤手当は、<u>従業員の皆勤という事実に基づいて支給されるものであるから、歩合給及び能率給に係る係数が異なることをもって、嘱託乗務員に精勤手当を支給しないことが不合理でないということはできない。</u>」としています。

② 時間外手当と超勤手当の相違
【趣旨・目的・性質】

長澤運輸事件・最高裁判決は、無期雇用労働者に適用される就業規則

において、超勤手当について「従業員に対し、時間外労働等を命じた場合、超勤手当を支給する。」との規定及び有期雇用労働者に適用される就業規則において、時間外手当について「時間外勤務等について、労働基準法所定の割増賃金を支給する」との規定があることを前提に、その趣旨について「正社員の超勤手当及び嘱託乗務員の時間外手当は、いずれも<u>従業員の時間外労働等に対して労働基準法所定の割増賃金を支払う趣旨で支給されるもの</u>であるといえる。」としています。

【不合理と認められるかについての判断】

　同事件・最高裁判決は、超勤手当の基礎に精勤手当が含まれながら、有期雇用労働者に対しては精勤手当が支給されず、これが時間外手当の基礎にも含まれないことについて「被上告人（注：使用者）は、正社員と嘱託乗務員の賃金体系を区別して定めているところ、割増賃金の算定に当たり、割増率その他の計算方法を両者で区別していることはうかがわれない。」「嘱託乗務員に精勤手当を支給しないことは、不合理であると評価することができるものに当たり、正社員の超勤手当の計算の基礎に精勤手当が含まれるにもかかわらず嘱託乗務員の時間外手当の計算の基礎には精勤手当が含まれないという労働条件の相違は、不合理であると評価することができる」として、旧労契法20条の規定する不合理と認められるものにあたると判断しました。

（3）能率給及び職能給

> Ｑ：長澤運輸事件で、東京高裁が「不合理と認められるもの」に
> あたらないと判断した手当で、最高裁も同様の判断を示した
> ものはありますか。
> Ａ：能率給及び職務給ついて、結論として同様の判断をしました
> が、有期雇用労働者の基本賃金及び歩合給が、無期雇用労働
> 者の基本給、能率給及び職務給に対応するものと認めて比較
> して判断しています。

【能率給及び職務給の趣旨等】

　長澤運輸事件では、無期雇用労働者に適用される就業規則において、能率給及び職務給が次のように規定されていました。

（能率給）

　乗務員に対し、その職種（乗務するバラ車の種類をいう。以下同じ。）に応じた以下の係数を当該乗務員の月稼働額に乗じた額を、能率給として支給する。

10tバラ車	4.60%
12tバラ車	3.70%
15tバラ車	3.10%
バラ車トレーラー	3.15%

（職務給）

　職種により、職務給を支払う。その月額は、以下のとおりとする。

10tバラ車	7万6952円
12tバラ車	8万0552円
15tバラ車	8万2952円

● 　バラ車トレーラー　　　8万2900円

　また、有期雇用労働者に適用される就業規則において、歩合給が次のように規定されていました。

（歩合給）
　　12tバラ車　　　　　　　　月稼働額×12％
　　15tバラ車　　　　　　　　月稼働額×10％
　　バラ車トレーラー　　　　　月稼働額× 7 ％

　これらの規定を前提に、同事件・最高裁判決は「被上告人（注：使用者）は、正社員に対し、基本給、能率給及び職務給を支給しているが、嘱託乗務員に対しては、基本賃金及び歩合給を支給し、能率給及び職務給を支給していない。基本給及び基本賃金は、労務の成果である乗務員の稼働額にかかわらず、従業員に対して固定的に支給される賃金であるところ、上告人（注：労働者）らの基本賃金の額は、いずれも定年退職時における基本給の額を上回っている。また、能率給及び歩合給は、労務の成果に対する賃金であるところ、その額は、いずれも職種に応じた係数を乗務員の月稼働額に乗ずる方法によって計算するものとされ、嘱託乗務員の歩合給に係る係数は、正社員の能率給に係る係数の約2倍から約3倍に設定されている。そして、被上告人は、本件組合との団体交渉を経て、嘱託乗務員の基本賃金を増額し、歩合給に係る係数の一部を嘱託乗務員に有利に変更している。このような賃金体系の定め方に鑑みれば、被上告人は、嘱託乗務員について、正社員と異なる賃金体系を採用するに当たり、職種に応じて額が定められる職務給を支給しない代わりに、基本賃金の額を定年退職時の基本給の水準以上とすることによって収入の安定に配慮するとともに、歩合給に係る係数を能率給よりも高く設定することによって労務の成果が賃金に反映されやすくなるように

工夫しているということができる。そうである以上、<u>嘱託乗務員に対して能率給及び職務給が支給されないこと等による労働条件の相違が不合理と認められるものであるか否かの判断に当たっては、嘱託乗務員の基本賃金及び歩合給が、正社員の基本給、能率給及び職務給に対応するものであることを考慮する必要がある</u>というべきである。」としています。

【不合理と認められるかについての判断】

　同事件・最高裁判決は、無期雇用労働者の基本給及び歩合給の合計額と、これが基本給、能率給及び職務給で支給された場合の合計額を試算して比較したところ、各労働者について、基本給及び歩合給の合計額のほうが少ないものの、その差が約２％〜約10％にとどまることに加え、「嘱託乗務員は定年退職後に再雇用された者であり、一定の要件を満たせば老齢厚生年金の支給を受けることができる上、被上告人は、本件組合との団体交渉を経て、老齢厚生年金の報酬比例部分の支給が開始されるまでの間、嘱託乗務員に対して２万円の調整給を支給することとしている。」事情を総合考慮し、旧労契法20条にいう不合理と認められるものにあたらないと判断しました。

（4）役付手当

> **Q**：長澤運輸事件で、東京高裁が「不合理と認められるもの」にあたらないと判断した職務に関連する手当で、最高裁も同様の判断を示したものはありますか。
>
> **A**：役付手当について、最高裁も不合理でないと認めました。

【役付手当の趣旨】

　長澤運輸事件・最高裁判決は、無期雇用労働者に適用される就業規則

において、同手当について「役付者（班長又は組長をいう。以下同じ。）に対して役付手当を支払う。その月額は、班長が3000円、組長が1500円とする。」との規定があることを前提としています。

【不合理と認められるかについての判断】

　同事件・最高裁判決は、同手当について、労働者が「役付手当が年功給、勤続給的性格のものである」と主張するのに対し「被上告人（注：使用者）における役付手当は、その支給要件及び内容に照らせば、正社員の中から指定された役付者であることに対して支給されるものであるということができ、上告人（注：労働者）らの主張するような性格のものということはできない。」として、旧労契法20条の規定する不合理と認められるものにあたらないと判断しました。

（5）住宅・家族手当及び賞与

> **Q**：長澤運輸事件で、東京高裁が「不合理と認められるもの」にあたらないと判断した職務との関連が薄い手当で、最高裁も同様の判断を示したものはありますか。
>
> **A**：住宅手当及び家族手当並びに賞与について、最高裁も不合理でないと認めました。

① 住宅手当及び家族手当
【趣旨・目的・性質】

　長澤運輸事件・最高裁判決は、無期雇用労働者に適用される就業規則において、これらの手当について「従業員に対して住宅手当を支払う。その額は月額1万円とする。」「従業員に対して家族手当を支払う。その月額は、配偶者について5000円、子1人について5000円（2人まで）と

する。」との規定があることを前提に、それらの趣旨について「前者は従業員の住宅費の負担に対する補助として、後者は従業員の家族を扶養するための生活費に対する補助として、それぞれ支給されるものであるということができる」としています。

そして「いずれも労働者の提供する労務を金銭的に評価して支給されるものではなく、従業員に対する福利厚生及び生活保障の趣旨で支給されるものであるから、使用者がそのような賃金項目の要否や内容を検討するに当たっては、上記の趣旨に照らして、労働者の生活に関する諸事情を考慮することになるものと解される。」としました。

【不合理と認められるかについての判断】

同事件・最高裁判決は「被上告人（注：使用者）における正社員には、嘱託乗務員と異なり、幅広い世代の労働者が存在し得るところ、そのような正社員について住宅費及び家族を扶養するための生活費を補助することには相応の理由があるということができる。他方において、嘱託乗務員は、正社員として勤続した後に定年退職した者であり、老齢厚生年金の支給を受けることが予定され、その報酬比例部分の支給が開始されるまでは被上告人から調整給を支給されることとなっているものである。」として、これらの事情を総合考慮し、旧労契法20条の規定する不合理と認められるものにあたらないと判断しました。

② 賞 与

【趣旨・目的・性質】

長澤運輸事件・最高裁判決は、無期雇用労働者に適用される就業規則において、賞与について「従業員の賞与については別に定めるところによる。」との規定があるのに対し、有期雇用労働者に適用される就業規則において、賞与を支給しない旨の規定があることを前提に「賞与は、月例賃金とは別に支給される一時金であり、労務の対価の後払い、功労

報償、生活費の補助、労働者の意欲向上等といった多様な趣旨を含み得るものである。」としています。

【不合理と認められるかについての判断】

　同事件・最高裁判決は「嘱託乗務員は、定年退職後に再雇用された者であり、定年退職に当たり退職金の支給を受けるほか、老齢厚生年金の支給を受けることが予定され、その報酬比例部分の支給が開始されるまでの間は被上告人（注：使用者）から調整給の支給を受けることも予定されている。また、本件再雇用者採用条件によれば、嘱託乗務員の賃金(年収)は定年退職前の79％程度となることが想定されるものであり、嘱託乗務員の賃金体系は……、嘱託乗務員の収入の安定に配慮しながら、労務の成果が賃金に反映されやすくなるように工夫した内容になっている。」として、これらの事情を総合考慮すると、無期雇用労働者に対する賞与が基本給の5か月分とされているとの事情を踏まえても、旧労契法20条の規定する不合理と認められるものにあたらないと判断しました。

3 大阪医科薬科大学事件

(1) 考慮すべき事情

① 無期雇用労働者の全体との相違

> **Q**：大阪医科薬科大学事件ではどのような事情が考慮されましたか。
>
> **A**：有期雇用労働者の業務の内容は、教室事務を担当する職員として定型的で簡便な作業等が多かったのに対し、無期雇用労働者は、配置先によって業務の内容が異なり多岐に及ぶことから、そのような無期雇用労働者全体のそれと比較したところで、その結果認められた相違それ自体を有意な事情とする考慮の仕方はしませんでした。

【職務の内容及び変更の範囲に関連する事情】

　大阪医科薬科大学事件・最高裁判決は、原審（同事件・大阪高裁判決）の確定した事実関係等の概要として、無期雇用労働者の職務の内容について「正職員は、本件大学や附属病院等のあらゆる業務に携わり、<u>その業務の内容は、配置先によって異なるものの、総務、学務、病院事務等多岐に及んでいた。正職員が配置されている部署においては、定型的で簡便な作業等ではない業務が大半を占め、中には法人全体に影響を及ぼすような重要な施策も含まれ、業務に伴う責任は大きいものであった。</u>」としています。

　また、その変更の範囲について「正職員就業規則上、正職員は、出向

や配置換え等を命ぜられることがあると定められ、人材の育成や活用を目的とした人事異動が行われており、平成25年1月から同27年3月までの間においては約30名の正職員がその対象となっていた。」としています。

　他方で、有期雇用労働者のそれについては、「一方、アルバイト職員は、アルバイト職員就業内規上、雇用期間を1年以内とし、更新する場合はあるものの、その上限は5年と定められており、<u>その業務の内容は、定型的で簡便な作業が中心であった。</u>」としています。

　また、その変更の範囲について「アルバイト職員については、アルバイト職員就業内規上、他部門への異動を命ずることがあると定められていたが、業務の内容を明示して採用されていることもあり、原則として業務命令によって他の部署に配置転換されることはなく、<u>人事異動は例外的かつ個別的な事情によるものに限られていた。</u>」としています。

【補足説明】

　比較対象とする正職員によっては、職務の内容及び変更の範囲が大きく相違する場合があることが認められていますが、そのため、単にアルバイト職員と正職員の多種多様な職務の内容等の中からもっとも相違するものを比較して認められる相違自体が、不合理と認められるかを判断する上で、有意な事情とはなり難いと思われます。また、容易に比較しえないということ自体が有意と言い得るかも疑問です。

　そのため、後述するとおり、このことを裏返して、正職員の人員配置の見直し等に起因する事情を考慮すべきとして考慮しています。

② 教室事務員との相違

> **Ｑ**：大阪医科薬科大学事件では、有期雇用労働者の職務の内容と相違の少ない無期雇用労働者はいたのでしょうか。
>
> **Ａ**：無期雇用労働者の中には、教室事務員として稼働する者も数名いましたが、その業務には英文学術誌の編集事務等があり、有期雇用労働者のそれとは一定の相違があることが考慮されています。

【職務の内容及び変更の範囲に関連する事情】

　大阪医科薬科大学事件・最高裁判決は、原審（同事件・大阪高裁判決）の確定した事実関係等の概要として、教室事務を担当する無期雇用労働者の業務の内容について「本件大学には、診療科を持たない基礎系の教室として、生理学、生化学、薬理学、病理学等の８教室が設置され、教室事務を担当する職員（以下「教室事務員」という。）が１、２名ずつ配置されており、平成11年当時、正職員である教室事務員が９名配置されていた。教室事務員については、その業務の内容の過半が定型的で簡便な作業等であったため、第１審被告（注：使用者）は、平成13年頃から正職員を配置転換するなどしてアルバイト職員に置き換え、同25年４月から同27年３月までの当時、正職員は４名のみであった。これらの正職員のうち３名は教室事務員以外の業務に従事したことはなかったところ、正職員が配置されていた教室では、学内の英文学術誌の編集事務や広報作業、病理解剖に関する遺族等への対応や部門間の連携を要する業務又は毒劇物等の試薬の管理業務等が存在しており、第１審被告が、アルバイト職員ではなく、正職員を配置する必要があると判断していたものであった。」としています。

　他方で、同事件の労働者の業務の内容については、就業場所が大学薬

理学教室であり、主な業務が同教室内の秘書業務として「所属する教授や教員、研究補助員のスケジュール管理や日程調整、電話や来客等の対応、教授の研究発表の際の資料作成や準備、教授が外出する際の随行、教室内における各種事務（教員の増減員の手続、郵便物の仕分けや発送、研究補助員の勤務表の作成や提出、給与明細書の配布、駐車券の申請等）、教室の経理、備品管理、清掃やごみの処理、出納の管理等であった。また、第1審原告（注：労働者）の所定労働時間はフルタイムであった。そして、<u>第1審被告は、第1審原告が多忙であると強調していたことから、第1審原告が欠勤した際の後任として、フルタイムの職員1名とパートタイムの職員1名を配置したが、恒常的に手が余っている状態が続いたため、1年ほどのうちにフルタイムの職員1名のみを配置することとした。</u>」としています。

③　その他の事情

> **Ｑ**：大阪医科薬科大学事件では、職務の内容及び変更の範囲に関連するもの以外に考慮し得る事情はなかったのでしょうか。
>
> **Ａ**：正職員（無期雇用労働者）登用試験の存在が挙げられていますが、それ以外に、人員配置の見直しの結果、教室事務員としての正職員が少なくなったことが考慮されています。

【正職員登用制度】

　大阪医科薬科大学事件・最高裁判決は、原審（同事件・大阪高裁判決）の確定した事実関係等の概要として、職務の内容及び変更の範囲のほか「第1審被告（注：使用者）においては、<u>アルバイト職員から契約職員、契約職員から正職員への試験による登用制度が設けられていた。前者については、アルバイト職員のうち、1年以上の勤続年数があり、所属長の推薦を受けた者が受験資格を有するものとされ、受験資格を有する者</u>

のうち3〜5割程度の者が受験していた。平成25年から同27年までの各年においては16〜30名が受験し、うち5〜19名が合格した。また、後者については、平成25年から同27年までの各年において7〜13名が合格した。」としています。

【教室事務員としての正職員が減少した事情】

　また、不合理性の判断を行うにあたり「第1審被告においては、全ての正職員が同一の雇用管理の区分に属するものとして同一の就業規則等の適用を受けており、その労働条件はこれらの正職員の職務の内容や変更の範囲等を踏まえて設定されたものといえるところ、第1審被告は、教室事務員の業務の内容の過半が定型的で簡便な作業等であったため、平成13年頃から、一定の業務等が存在する教室を除いてアルバイト職員に置き換えてきたものである。その結果、第1審原告が勤務していた当時、教室事務員である正職員は、僅か4名にまで減少することとなり、業務の内容の難度や責任の程度が高く、人事異動も行われていた他の大多数の正職員と比較して極めて少数となっていたものである。このように、教室事務員である正職員が他の大多数の正職員と職務の内容及び変更の範囲を異にするに至ったことについては、教室事務員の業務の内容や第1審被告が行ってきた人員配置の見直し等に起因する事情が存在したものといえる。」と述べて、これについても考慮されるべき事情であるとしています。

【補足説明】

　この事件の最高裁判決は、職務の内容及び変更の範囲と関連するもの以外に、正社員登用制度があることを原審の確定した事実関係等として挙げていました。しかし、教室事務員について、無期雇用労働者（正職員）からアルバイトに置き換えられた結果減少したことについては、アルバイト職員の職務の内容とかけ離れた正職員と、アルバイト職員のそ

れを比較し相違が認められたとしても、不合理と認められるかの判断において有意とは言い難いといえます。

　そのため、その裏返しとして、そのような正職員の配置に至った事情が、賞与について判断するために考慮すべき事情として判断されたものです。

（2）賞　与

> **Q**：賞与について、最高裁はどう判断しましたか。
>
> **A**：原審である大阪高裁判決が、正職員と比較し、その支給基準の60％を下回る部分の相違は不合理と認めた判断を覆して、全く支給しなくとも、不合理とは認めませんでした。

【趣旨・目的・性質】

　大阪医科薬科大学事件・最高裁判決は、原審（同事件・大阪高裁判決）の確定した事実関係等の概要として、賞与について「第1審被告（注：使用者）においては、正職員に対し、年2回の賞与が支給されていた。平成26年度では、夏期が基本給2.1か月分＋2万3000円、冬期が同2.5か月分＋2万4000円、平成22、23及び25年度では、いずれも通年で基本給4.6か月分の額が支給されており、その支給額は通年で同4.6か月分が一応の基準となっていた。また、契約職員（注：月給制の有期雇用労働者）には正職員の約80％の賞与が支給されていた。これに対し、アルバイト職員（注：時間給制の有期雇用労働者）には賞与は支給されていなかった。なお、アルバイト職員である第1審原告（注：労働者）に対する年間の支給額は、平成25年4月に新規採用された正職員の基本給及び賞与の合計額の55％程度の水準であった。」としています。

その上で、同事件・最高裁判決は、賞与について「第1審被告（注：使用者）の正職員に対する賞与は、正職員給与規則において必要と認めたときに支給すると定められているのみであり、基本給とは別に支給される一時金として、その算定期間における財務状況等を踏まえつつ、その都度、第1審被告により支給の有無や支給基準が決定されるものである。また、上記賞与は、通年で基本給の4.6か月分が一応の支給基準となっており、その支給実績に照らすと、第1審被告の業績に連動するものではなく、算定期間における労務の対価の後払いや一律の功労報償、将来の労働意欲の向上等の趣旨を含むものと認められる。そして、正職員の基本給については、勤務成績を踏まえ勤務年数に応じて昇給するものとされており、勤続年数に伴う職務遂行能力の向上に応じた職能給の性格を有するものといえる上、おおむね、業務の内容の難度や責任の程度が高く、人材の育成や活用を目的とした人事異動が行われていたものである。このような正職員の賃金体系や求められる職務遂行能力及び責任の程度等に照らせば、第1審被告は、正職員としての職務を遂行し得る人材の確保やその定着を図るなどの目的から、正職員に対して賞与を支給することとしたものといえる。」としました。

【不合理と認められるかについての判断】

ア．一般論

大阪医科薬科大学事件・最高裁判決は、まず「労働条件の相違が賞与の支給に係るものであったとしても、それが同条にいう不合理と認められるものに当たる場合はあり得るものと考えられる。」としました。

イ．教室事務員との職務の範囲等の相違の存在

しかし、同事件・最高裁判決は、教室事務員である正職員と有期雇用労働者の職務の内容を比較し「両者の業務の内容は共通する部分は

あるものの、第1審原告（注：労働者）の業務は、その具体的な内容や、第1審原告が欠勤した後の人員の配置に関する事情からすると、相当に軽易であることがうかがわれるのに対し、教室事務員である正職員は、これに加えて、学内の英文学術誌の編集事務等、病理解剖に関する遺族等への対応や部門間の連携を要する業務又は毒劇物等の試薬の管理業務等にも従事する必要があったのであり、<u>両者の職務の内容に一定の相違があったことは否定できない。</u>」としました。

また、変更の範囲についても「教室事務員である正職員については、正職員就業規則上人事異動を命ぜられる可能性があったのに対し、アルバイト職員については、原則として業務命令によって配置転換されることはなく、人事異動は例外的かつ個別的な事情により行われていたものであり、<u>両者の職務の内容及び配置の変更の範囲……に一定の相違があったことも否定できない。</u>」としています。

ウ．その他の事情

さらに、「第1審被告においては、全ての正職員が同一の雇用管理の区分に属するものとして同一の就業規則等の適用を受けており、その労働条件はこれらの正職員の職務の内容や変更の範囲等を踏まえて設定されたものといえるところ、第1審被告は、教室事務員の業務の内容の過半が定型的で簡便な作業等であったため、平成13年頃から、一定の業務等が存在する教室を除いてアルバイト職員に置き換えてきたものである。その結果、第1審原告が勤務していた当時、教室事務員である正職員は、僅か4名にまで減少することとなり、業務の内容の難度や責任の程度が高く、人事異動も行われていた他の大多数の正職員と比較して極めて少数となっていたものである。このように、<u>教室事務員である正職員が他の大多数の正職員と職務の内容及び変更の範囲を異にするに至ったことについては、教室事務員の業務の内容や第1審被告が行ってきた人員配置の見直し等に起因する事情が存在し</u>

たものといえる。また、アルバイト職員については、契約職員及び正職員へ段階的に職種を変更するための試験による登用制度が設けられていたものである。」として、これらのことを考慮すべきとしています。

工. 結　論

　その上で、同事件・最高裁判決は、「正職員に対する賞与の支給額がおおむね通年で基本給の4.6か月分であり、そこに労務の対価の後払いや一律の功労報償の趣旨が含まれることや、正職員に準ずるものとされる契約職員に対して正職員の約80％に相当する賞与が支給されていたこと、アルバイト職員である第1審原告に対する年間の支給額が平成25年4月に新規採用された正職員の基本給及び賞与の合計額と比較して55％程度の水準にとどまることをしんしゃくしても、教室事務員である正職員と第1審原告との間に賞与に係る労働条件の相違があることは、不合理であるとまで評価することができるものとはいえない。」としました。

　なお、同事件の原審である大阪高裁判決は、賞与の性質について「賞与の支給額は、正職員全員を対象とし、基本給にのみ連動するものであって、当該従業員の年齢や成績に連動するものではなく、被控訴人（注：使用者）の業績にも一切連動していない。このような支給額の決定を踏まえると、被控訴人における賞与は、正職員として被控訴人に在籍していたということ、すなわち、賞与算定期間に就労していたことそれ自体に対する対価としての性質を有するものというほかない。そして、そこには、賞与算定期間における一律の功労の趣旨も含まれるとみるのが相当である。」としています。

　また、「支給額は正職員の年齢にも在職年数にも何ら連動していないのであるから、賞与の趣旨が長期雇用への期待、労働者の側からみれば、長期就労への誘因となるかは疑問な点がないではない。仮に、

被控訴人の賞与にそのような趣旨があるとしても、長期雇用を必ずしも前提としない契約職員に正職員の約80％の賞与を支給していることからは、上記の趣旨は付随的なものというべきである。」として、使用者が、無期雇用労働者には長期雇用への期待が高いが、有期雇用労働者に対しては乏しいため支給しないとの主張を認めませんでした。

　もっとも「被控訴人の賞与には、功労、付随的にせよ長期就労への誘因という趣旨が含まれ、先にみたとおり、不合理性の判断において使用者の経営判断を尊重すべき面があることも否定し難い。さらに……正職員とアルバイト職員とでは、実際の職務も採用に際し求められる能力にも相当の相違があったというべきであるから、アルバイト職員の賞与算定期間における功労も相対的に低いことは否めない。これらのことからすれば、フルタイムのアルバイト職員とはいえ、その職員に対する賞与の額を正職員に対すると同額としなければ不合理であるとまではいうことができない。上記の観点及び被控訴人が契約職員に対し正職員の約80％の賞与を支払っていることからすれば、控訴人（注：労働者）に対し、賃金同様、正職員全体のうち平成25年４月１日付けで採用された者と比較対照し、その者の賞与の支給基準の60％を下回る支給しかしない場合は不合理な相違に至るものというべきである。」と判断したものでした。

（3）私傷病による欠勤中の賃金

> **Q**：私傷病による欠勤中の賃金について、最高裁はどのように判断しましたか。
>
> **A**：有期雇用労働者であっても、私傷病による欠勤中について、賃金1月分と休職とされたのちの2か月について、賃金1月分の2割の割合による休職給を下回る場合には不合理と判断した原審の判断を覆し、不支給とすることも不合理ではないと判断しました。

【趣旨・目的・性質】

　大阪医科薬科大学事件・最高裁判決は、私傷病による欠勤中の賃金が、無期雇用労働者に対しては6か月間は給料月額の全額が支払われ、同期間経過後は休職が命ぜられた上で休職給として標準給与の2割が支払われていたのに対して、有期雇用労働者に対しては、欠勤中の補償や休職制度が存在しなかったことについて「正職員が長期にわたり継続して就労し、又は将来にわたって継続して就労することが期待されることに照らし、正職員の生活保障を図るとともに、その雇用を維持し確保するという目的によるものと解される。このような第1審被告（注：使用者）における私傷病による欠勤中の賃金の性質及びこれを支給する目的に照らすと、同賃金は、このような職員の雇用を維持し確保することを前提とした制度であるといえる。」としています。

【不合理と認められるかについての判断】

　大阪医科薬科大学事件・最高裁判決は、「正職員が配置されていた教室では病理解剖に関する遺族等への対応や部門間の連携を要する業務等が存在し、正職員は正職員就業規則上人事異動を命ぜられる可能性があるなど、教室事務員である正職員とアルバイト職員との間には職務の内

容及び変更の範囲に一定の相違があったことは否定できない。さらに、教室事務員である正職員が、極めて少数にとどまり、他の大多数の正職員と職務の内容及び変更の範囲を異にするに至っていたことについては、教室事務員の業務の内容や人員配置の見直し等に起因する事情が存在したほか、職種を変更するための試験による登用制度が設けられていたという事情が存在するものである。」

「そうすると、このような職務の内容等に係る事情に加えて、アルバイト職員は、契約期間を1年以内とし、更新される場合はあるものの、長期雇用を前提とした勤務を予定しているものとはいい難いことにも照らせば、教室事務員であるアルバイト職員は、上記のように雇用を維持し確保することを前提とする制度の趣旨が直ちに妥当するものとはいえない。また、第1審原告（注：労働者）は、勤務開始後2年余りで欠勤扱いとなり、欠勤期間を含む在籍期間も3年余りにとどまり、その勤続期間が相当の長期間に及んでいたとはいい難く、第1審原告の有期労働契約が当然に更新され契約期間が継続する状況にあったことをうかがわせる事情も見当たらない。したがって、教室事務員である正職員と第1審原告との間に私傷病による欠勤中の賃金に係る労働条件の相違があることは、不合理であると評価することができるものとはいえない。」としました。

なお、原審である同事件の大阪高裁判決は「労働者が私傷病によって労務の提供をすることができない場合、使用者には賃金の支払義務がないのが原則である。被控訴人（注：使用者）が私傷病によって労務を提供することができない状態の正職員に対して一定期間の賃金や休職給を支払う旨を定める趣旨は、正職員として長期にわたり継続して就労をしてきたことに対する評価又は将来にわたり継続して就労をすることに対する期待から、正職員の生活に対する保障を図る点にあると解される。」

「他方、アルバイト職員は、契約期間が最長でも1年間であるから、

被控訴人において長期間継続した就労をすることが多いとも、そのような長期間継続した就労をすることに対する期待が高いともいい難い。正職員はその能力に鑑み代替性が乏しい反面、アルバイト職員は定型的かつ簡便な作業を担うため代替性が高いことも、そのような長期間継続した就労に対する評価又は期待に対して一定の影響を及ぼすことは否定し得ない。」

「しかし、アルバイト職員も契約期間の更新はされるので、その限度では一定期間の継続した就労もし得る。アルバイト職員であってもフルタイムで勤務し、一定の習熟をした者については、被控訴人の職務に対する貢献の度合いもそれなりに存するものといえ、一概に代替性が高いとはいい難い部分もあり得る。そのようなアルバイト職員には生活保障の必要性があることも否定し難いことからすると、アルバイト職員であるというだけで、一律に私傷病による欠勤中の賃金支給や休職給の支給を行わないことには、合理性があるとはいい難い。」

「先にみた事情を考慮すると、フルタイム勤務で契約期間を更新しているアルバイト職員に対して、私傷病による欠勤中の賃金支給を一切行わないこと、休職給の支給を一切行わないことは不合理というべきである。」

「もっとも、正職員とアルバイト職員の、長期間継続した就労を行うことの可能性、それに対する期待についての本来的な相違を考慮すると、被控訴人の正職員とアルバイト職員との間において、私傷病により就労をすることができない期間の賃金の支給や休職給の支給について一定の相違があること自体は、一概に不合理とまではいえない。」

「アルバイト職員の契約期間は更新があり得るとしても1年であるのが原則であり、当然に長期雇用が前提とされているわけではないことを勘案すると、私傷病による賃金支給につき1か月分、休職給の支給につき2か月分（合計3か月、雇用期間1年の4分の1）を下回る支給しかしないときは、正職員との労働条件の相違が不合理であるというべきで

ある。これと同程度又はこれを上回るときは、不合理であると認めるに
足りない。」と判断していました。

【補足説明】

　同事件・最高裁判決は、私傷病による欠勤中の賃金について、正社員
が長期にわたり継続して就労し、その雇用を維持し確保するという目的
によるものとしています。

　このことからすれば、日本郵便（東京）事件・最高裁判決のように、
契約更新をして相応に継続的な雇用が見込まれる場合には、有期雇用労
働者に対する労働条件の相違として不合理と判断したことが、大阪医科
薬科大学事件でもあてはまるようにも思えます。

　しかし、同事件では、有期雇用労働者について「勤務開始後2年余り
で欠勤扱いとなり、欠勤期間を含む在籍期間も3年余りにとどまり、そ
の勤続期間が相当の長期間に及んでいたとはいい難く、第1審原告の有
期労働契約が当然に更新され契約期間が継続する状況にあったことをう
かがわせる事情も見当たらない」という実態を踏まえた判断であると理
解されています。

4 メトロコマース事件

（1）考慮すべき事情

① 無期雇用労働者の全体との相違

> **Q**：メトロコマース事件では、どのような事情が考慮されましたか。
>
> **A**：有期雇用労働者の業務の内容が売店における業務に限定されていたのに対し、無期雇用労働者は、売店の業務を行う者もいましたが、それ以外の配置先もあり、それによって業務の内容が異なるものだったことから、そのような無期雇用労働者全体と比較したところで、その結果認められた相違自体を有意な事情とする考慮の仕方はしませんでした。

【職務の内容及び変更の範囲に関連する事情】

　メトロコマース事件・最高裁判決は、原審（同事件・東京高裁判決）の確定した事実関係等の概要として、無期雇用労働者の職務の内容について「正社員は、本社の経営管理部、総務部、リテール事業本部及びステーション事業本部の各部署に配置されるほか、各事業本部が所管するメトロス事業所、保守管理事業所、ストア・ショップ事業所等に配置される場合や関連会社に出向する場合もあった。平成25年度から同28年度までにおける第1審被告（注：使用者）の正社員（同年度については職種限定社員を含む。）は560〜613名であり、うち売店業務に従事していた者は15〜24名であった。なお、第1審被告は、東京メトロから57歳以上の社員を出向者として受け入れ、60歳を超えてから正社員に切り替え

る取扱いをしているが、上記出向者は売店業務に従事していない。」としています。

　また、変更の範囲については、「<u>正社員は、業務の必要により配置転換、職種転換又は出向を命ぜられることがあり、正当な理由なく、これを拒むことはできなかった。</u>」としています。

　他方、有期雇用労働者については「契約社員B（注：時給制の有期雇用労働者）は、契約期間を1年以内とする有期労働契約を締結した労働者であり、一時的、補完的な業務に従事する者をいうものとされていた。同期間満了後は原則として契約が更新され、就業規則上、定年は65歳と定められていた。なお、契約社員Bの新規採用者の平均年齢は約47歳であった。」としています。

　また、変更の範囲については「契約社員Bの労働時間は、大半の者が週40時間と定められていた。契約社員Bは、<u>業務の場所の変更を命ぜられることはあったが、業務の内容に変更はなく、正社員と異なり、配置転換や出向を命ぜられることはなかった。</u>」としています。

　なお、有期雇用労働者については、月給制の者が存在し「契約社員A（注：月給制の有期雇用労働者）は、主に契約期間を1年とする有期労働契約を締結した労働者である。同期間満了後は原則として契約が更新され、就業規則上、定年（更新の上限年齢をいう。以下同じ。）は65歳と定められていた。契約社員Aは、契約社員Bのキャリアアップの雇用形態として位置付けられ、本社の経営管理部施設課、メトロス事業所及びストア・ショップ事業所以外には配置されていなかった。なお、平成28年4月、契約社員Aの名称は職種限定社員に改められ、その契約は無期労働契約に変更された。」としています。

【補足説明】

　比較対象とする正社員によっては、職務の内容及び変更の範囲が大きく相違する場合があることが認められているのは大阪医科薬科大学事件と同様です。

　そのため、後述するとおり、このことを裏返して、組織再編等に起因する事情を考慮すべきとしています。

②　売店業務における相違

> **Q**：メトロコマース事件では、有期雇用労働者の職務の内容と近い無期雇用労働者はいたのでしょうか。
>
> **A**：無期雇用労働者の中には、販売業務に従事する者もいましたが、そのうちの５％程度の人数でした。また、販売業務以外にも、複数の店舗を統括し、売上向上のための指導等の業務も行う者で、有期雇用労働者のそれとは一定の相違があるものだったことが考慮されています。

【職務の内容及び変更の範囲に関する事情】

　メトロコマース事件・最高裁判決は、原審（同事件・東京高裁判決）の確定した事実関係等の概要として、売店業務を担当する無期雇用労働者の業務の内容について「販売員が固定されている売店における業務の内容は、売店の管理、接客販売、商品の管理、準備及び陳列、伝票及び帳票類の取扱い、売上金等の金銭取扱い、その他付随する業務であり、これらは正社員、契約社員A及び契約社員Bで相違することはなかった。もっとも、正社員は、販売員が固定されている売店において休暇や欠勤で不在になった販売員に代わって早番や遅番の業務を行う代務業務を行っていたほか、複数の売店を統括し、売上向上のための指導、改善業務や売店の事故対応等の売店業務のサポートやトラブル処理、商品補充に関する業務等を行うエリアマネージャー業務に従事することがあり、

契約社員Ａも、正社員と同様に代務業務を行っていた。これに対し、契約社員Ｂは、原則として代務業務を行わず、エリアマネージャー業務に従事することもなかった。」としています。

③　その他の事情

> **Ｑ**：メトロコマース事件では、職務の内容及び変更の範囲に関連するもの以外の事情として考慮し得る事情はなかったのでしょうか。
>
> **Ａ**：正社員（無期雇用労働者）登用試験の存在が挙げられていますが、それ以外に、組織再編や出向者の受入れ等による、正社員の配置に関する事情が考慮されています。

【正社員登用制度】

　メトロコマース事件・最高裁判決は、原審（同事件・東京高裁判決）の確定した事実関係等の概要として、職務の内容及び変更の範囲のほか、その他の事情として「第１審被告（注：使用者）においては、契約社員Ｂ（注：時給制の有期雇用労働者）から契約社員Ａ（注：月給制の有期雇用労働者）、契約社員Ａから正社員への登用制度が設けられ、平成22年度から導入された登用試験では、原則として勤続１年以上の希望者全員に受験が認められていた。平成22年度から同26年度までの間においては、契約社員Ａへの登用試験につき受験者合計134名のうち28名が、正社員への登用試験につき同105名のうち78名が、それぞれ合格した。」としています。

【正社員の配置に関する事情】

　また、使用者における無期雇用労働者のうち、売店業務に従事するものの割合が少ないことと関連して、「第１審被告は、平成12年10月、営

団地下鉄グループの関連会社等の再編成に伴い、売店事業を行っていた財団法人地下鉄互助会（以下「互助会」という。）から売店等の物販事業に関する営業を譲り受けるなどした。」

「第1審被告は、本社に経営管理部、総務部、リテール事業本部及びステーション事業本部を設けており、リテール事業本部は基幹事業としてメトロス事業所を管轄し、同事業所が東京メトロの駅構内の売店を管轄している。平成26年4月当時、第1審被告の経営する売店110店舗のうち、56店舗は第1審被告の直営する売店METRO'S（以下、単に「売店」といい、売店における販売業務を「売店業務」という。）であり、その他の店舗は他社に業務を委託していた。その後、売上高の大きな割合を占めていた新聞及び雑誌の売上高の減少による不採算店舗の閉鎖や大手コンビニエンスストアとの提携によるコンビニ型店舗の展開等により、売店数は、平成27年8月時点で42店舗、同28年3月時点で25店舗にそれぞれ減少し、他方、コンビニ型店舗は平成28年度までに27店舗が開業するなどした。」

「第1審被告は、東京メトロから57歳以上の社員を出向者として受け入れ、60歳を超えてから正社員に切り替える取扱いをしているが、上記出向者は売店業務に従事していない。」

「平成27年1月当時、売店業務に従事する従業員は合計110名であり、その内訳は、正社員が18名、契約社員Aが14名、契約社員Bが78名であった。このうち正社員は、互助会において売店業務に従事し、平成12年の関連会社等の再編成の後も引き続き第1審被告の正社員として売店業務に従事している者と、……登用制度により契約社員Bから契約社員Aを経て正社員になった者とが、約半数ずつでほぼ全体を占めていた。なお、その後、上記の互助会の出身者が他の部署に異動したことがあったほか、平成28年3月には、売店業務に従事する従業員が合計56名に減少し、このうち正社員は4名となった。」としています。

その上で、不合理性の判断を行うにあたり「第1審被告においては、

全ての正社員が同一の雇用管理の区分に属するものとして同じ就業規則等により同一の労働条件の適用を受けていたが、売店業務に従事する正社員と、第1審被告の本社の各部署や事業所等に配置され配置転換等を命ぜられることがあった他の多数の正社員とは、職務の内容及び変更の範囲につき相違があったものである。そして、平成27年1月当時に売店業務に従事する正社員は、同12年の関連会社等の再編成により第1審被告に雇用されることとなった互助会の出身者と契約社員Bから正社員に登用された者が約半数ずつほぼ全体を占め、売店業務に従事する従業員の2割に満たないものとなっていたものであり、上記再編成の経緯やその職務経験等に照らし、賃金水準を変更したり、他の部署に配置転換等をしたりすることが困難な事情があったことがうかがわれる。このように、売店業務に従事する正社員が他の多数の正社員と職務の内容及び変更の範囲を異にしていたことについては、第1審被告の組織再編等に起因する事情が存在したものといえる。」と述べて、これについて考慮されるべき事情であるとしています。

　なお「契約社員Aには、年2回の賞与（年額59万4000円）が支給されていたが、退職金は支給しないと定められていた。なお、契約社員Aについては、平成28年4月に職種限定社員に名称が改められ、その契約が無期労働契約に変更された際に、退職金制度が設けられた。」との事情があり、同事件の原審である東京高裁判決は、これを考慮し不合理と判断しましたが、同事件・最高裁判決は、このことについて、不合理とはいえないとの結論を覆すような影響があるとは認めませんでした。

（2）退職金

> **Q**：退職金について、最高裁はどう判断しましたか。
>
> **A**：原審である東京高裁判決が、正社員（無期雇用労働者）と同一の基準に基づいて算定した額の4分の1に相当する額すら一切支給しないことは不合理と認めた判断を覆して、全く支給しなくとも、不合理とは認めませんでした。

【趣旨・目的・性質】

　メトロコマース事件・最高裁判決は、原審（同事件・東京高裁判決）の確定した事実関係等の概要として、退職金について、本給に勤続年数に応じた支給月数を乗じた金額を支給するものとされていることを前提に「その支給対象となる正社員は、第1審被告（注：使用者）の本社の各部署や事業本部が所管する事業所等に配置され、業務の必要により配置転換等を命ぜられることもあり、また、退職金の算定基礎となる本給は、年齢によって定められる部分と職務遂行能力に応じた資格及び号俸により定められる職能給の性質を有する部分から成るものとされていたものである。このような第1審被告における退職金の支給要件や支給内容等に照らせば、上記退職金は、上記の職務遂行能力や責任の程度等を踏まえた労務の対価の後払いや継続的な勤務等に対する功労報償等の複合的な性質を有するものであり、第1審被告は、正社員としての職務を遂行し得る人材の確保やその定着を図るなどの目的から、様々な部署等で継続的に就労することが期待される正社員に対し退職金を支給することとしたものといえる。」としています。

【不合理と認められるかについての判断】

ア．一般論

　メトロコマース事件・最高裁判決は、まず「労働条件の相違が退職金の支給に係るものであったとしても、それが同条にいう不合理と認められるものに当たる場合はあり得るものと考えられる。」としました。

イ．売店業務に従事する正社員との職務の範囲等の相違の存在

　しかし、同事件・最高裁判決は、「第1審原告（注：労働者）らにより比較の対象とされた売店業務に従事する正社員と契約社員B（注：時給制の有期雇用労働者）である第1審原告らの……職務の内容……をみると、両者の業務の内容はおおむね共通するものの、正社員は、販売員が固定されている売店において休暇や欠勤で不在の販売員に代わって早番や遅番の業務を行う代務業務を担当していたほか、複数の売店を統括し、売上向上のための指導、改善業務等の売店業務のサポートやトラブル処理、商品補充に関する業務等を行うエリアマネージャー業務に従事することがあったのに対し、契約社員Bは、売店業務に専従していたものであり、両者の職務の内容に一定の相違があったことは否定できない。」としました。

　また、変更の範囲については「売店業務に従事する正社員については、業務の必要により配置転換等を命ぜられる現実の可能性があり、正当な理由なく、これを拒否することはできなかったのに対し、契約社員Bは、業務の場所の変更を命ぜられることはあっても、業務の内容に変更はなく、配置転換等を命ぜられることはなかったものであり、両者の職務の内容及び配置の変更の範囲……にも一定の相違があったことが否定できない。」としています。

ウ．その他の事情

　さらに、「第1審被告においては、全ての正社員が同一の雇用管理の区分に属するものとして同じ就業規則等により同一の労働条件の適用を受けていたが、売店業務に従事する正社員と、第1審被告の本社の各部署や事業所等に配置され配置転換等を命ぜられることがあった他の多数の正社員とは、職務の内容及び変更の範囲につき相違があったものである。そして、平成27年1月当時に売店業務に従事する正社員は、同12年の関連会社等の再編成により第1審被告に雇用されることとなった互助会の出身者と契約社員Bから正社員に登用された者が約半数ずつほぼ全体を占め、売店業務に従事する従業員の2割に満たないものとなっていたものであり、上記再編成の経緯やその職務経験等に照らし、賃金水準を変更したり、他の部署に配置転換等をしたりすることが困難な事情があったことがうかがわれる。このように、売店業務に従事する正社員が他の多数の正社員と職務の内容及び変更の範囲を異にしていたことについては、第1審被告の組織再編等に起因する事情が存在したものといえる。また、第1審被告は、契約社員A及び正社員へ段階的に職種を変更するための開かれた試験による登用制度を設け、相当数の契約社員Bや契約社員Aをそれぞれ契約社員Aや正社員に登用していたものである。」として、これらのことを「その他の事情」として考慮すべきとしました。

エ．結論

　その上で、同事件・最高裁判決は、「第1審被告の正社員に対する退職金が有する複合的な性質やこれを支給する目的を踏まえて、売店業務に従事する正社員と契約社員Bの職務の内容等を考慮すれば、契約社員Bの有期労働契約が原則として更新するものとされ、定年が65歳と定められるなど、必ずしも短期雇用を前提としていたものとはいえず、第1審原告らがいずれも10年前後の勤続期間を有していること

をしんしゃくしても、両者の間に退職金の支給の有無に係る労働条件の相違があることは、不合理であるとまで評価することができるものとはいえない。」としました。

　加えて「契約社員Ａ（注：月給制の有期雇用労働者）は平成28年４月に職種限定社員に改められ、その契約が無期労働契約に変更されて退職金制度が設けられたものの、このことがその前に退職した契約社員Ｂである第１審原告らと正社員との間の退職金に関する労働条件の相違が不合理であるとの評価を基礎付けるものとはいい難い。また、契約社員Ｂと職種限定社員との間には職務の内容及び変更の範囲に一定の相違があることや、契約社員Ｂから契約社員Ａに職種を変更することができる前記の登用制度が存在したこと等からすれば、無期契約労働者である職種限定社員に退職金制度が設けられたからといって、上記の判断を左右するものでもない。」としています。

　なお、同事件の原審である東京高裁判決も「一般に、退職金の法的性格については、賃金の後払い、功労報償など様々な性格があると解されるところ、このような性格を踏まえると、一般論として、長期雇用を前提とした無期契約労働者に対する福利厚生を手厚くし、有為な人材の確保・定着を図るなどの目的をもって無期契約労働者に対しては退職金制度を設ける一方、本来的に短期雇用を前提とした有期契約労働者に対しては退職金制度を設けないという制度設計をすること自体が、人事施策上一概に不合理であるということはできない。」と述べました。

　しかし、有期雇用労働者について、１年ごとに契約が更新されることから、賃金の後払いが予定されているということはできないが、契約が更新され長期間に渡って勤務していたことから「少なくとも長年の勤務に対する功労報償の性格を有する部分に係る退職金（退職金の上記のような複合的な性格を考慮しても、正社員と同一の基準に基づ

いて算定した額の少なくとも4分の1はこれに相当すると認められる。)すら一切支給しないことについては不合理といわざるを得ない。」と判断したものでした。

（3）反対意見

> **Q**：メトロコマース事件・最高裁判決の退職金の不支給が不合理でないという判断は、裁判官全員一致の結論ですか。
>
> **A**：全員一致ではありません。「補足意見」だけでなく「反対意見」も示されています。

【反対意見】

　メトロコマース事件・最高裁判決では、宇賀克也裁判官が退職金の不支給について不合理ではないとする結論に反対する意見（反対意見）を次のように示しています。

　「私は、多数意見とは異なり、本件の事実関係の下で、長年の勤務に対する功労報償の性格を有する部分に係る退職金、具体的には正社員と同一の基準に基づいて算定した額の4分の1に相当する額すら契約社員Bに支給しないことが不合理であるとした原審の判断は是認することができ、第1審被告（注：使用者）の上告及び第1審原告（注：労働者）らの上告は、いずれも棄却すべきものと考える。」として、多数意見とは反対の結論をとることを示しています。

　その理由として、多数意見と同様、退職金の性質や支給目的、原資の積立ての必要性等による使用者の裁量に対して、それを是正するには慎重さが求められるという点は否定していませんが、「契約社員Bは、契約期間を1年以内とする有期契約労働者として採用されるものの、当該

労働契約は原則として更新され、定年が65歳と定められており、正社員と同様、特段の事情がない限り65歳までの勤務が保障されていたといえる。契約社員Bの新規採用者の平均年齢は約47歳であるから、契約社員Bは、平均して約18年間にわたって第1審被告に勤務することが保障されていたことになる。他方、第1審被告は、東京メトロから57歳以上の社員を出向者として受け入れ、60歳を超えてから正社員に切り替える取扱いをしているというのであり、このことからすると、むしろ、正社員よりも契約社員Bの方が長期間にわたり勤務することもある。第1審被告の正社員に対する退職金は、継続的な勤務等に対する功労報償という性質を含むものであり、このような性質は、契約社員Bにも当てはまるものである。」としています。

　また、職務の内容の相違として認められた代務業務等についても「代務業務が正社員でなければ行えないような専門性を必要とするものとも考え難い」とし、変更の範囲についても「売店業務に従事する正社員は、互助会において売店業務に従事していた者と、登用制度により正社員になった者とでほぼ全体を占めており、当該売店業務がいわゆる人事ローテーションの一環として現場の勤務を一定期間行わせるという位置付けのものであったとはいえない」として、「職務の内容や変更の範囲に大きな相違はない。」と評価しています。

　その上で、多数意見が考慮した、「有為な人材の確保やその定着を図るなどの目的から、継続的な就労が期待される者に対して退職金を支給する必要があること」について理解を示しながらも「退職金に係る労働条件に相違があること自体は、不合理なことではない。」「退職金制度の構築に関する使用者の裁量判断を尊重する余地があることにも鑑みると、契約社員Bに対し、正社員と同一の基準に基づいて算定した額の4分の1に相当する額を超えて退職金を支給しなくとも、不合理であるとまで評価することができるものとはいえないとした原審の判断をあえて破棄するには及ばないものと考える。」としています。

5 日本郵便（東京・大阪・佐賀）事件

（1）考慮すべき事情

① 職務の内容及び変更の範囲に関連する事情

> **Q**：日本郵便事件では、どのような事情が考慮されましたか。
>
> **A**：無期雇用労働者（正社員）全体と比較すれば相違は大きくなるといえますが、有期雇用労働者（契約社員）と同様の郵便業務を担当する正社員との職務の内容や変更の範囲の相違が考慮されたものがあります。

【職務の内容及び変更の範囲に関連するもの】

　日本郵便（東京）事件・最高裁判決は、原審（同事件・東京高裁判決）の確定した事実関係等の概要として「旧一般職（注：無期雇用労働者）及び地域基幹職（注：無期雇用労働者）は、郵便外務事務、郵便内務事務等に幅広く従事すること、昇任や昇格により役割や職責が大きく変動することが想定されている。他方、新一般職（注：無期雇用労働者）は、郵便外務事務、郵便内務事務等の標準的な業務に従事することが予定されており、昇任や昇格は予定されていない。」「また、正社員の人事評価においては、業務の実績そのものに加え、部下の育成指導状況、組織全体に対する貢献等の項目によって業績が評価されるほか、自己研さん、状況把握、論理的思考、チャレンジ志向等の項目によって正社員に求められる役割を発揮した行動が評価される。」としています。

　なお、「旧一般職」とは、平成26年3月31日以前の人事制度における

無期雇用労働者であり、「地域基幹職」及び「新一般職」とは、平成26年４月１日以後の人事制度における無期雇用労働者であり、いずれも郵便局の郵便の業務を担当するものとして区分されているものです。

　他方、「時給制契約社員（注：有期雇用労働者）は、郵便外務事務又は郵便内務事務のうち、特定の業務のみに従事し、上記各事務について幅広く従事することは想定されておらず、昇任や昇格は予定されていない。」「また、時給制契約社員の人事評価においては、上司の指示や職場内のルールの遵守等の基本的事項に関する評価が行われるほか、担当する職務の広さとその習熟度についての評価が行われる一方、正社員とは異なり、組織全体に対する貢献によって業績が評価されること等はない。」としています。

　変更の範囲については「旧一般職を含む正社員には配転が予定されている。ただし、新一般職は、転居を伴わない範囲において人事異動が命ぜられる可能性があるにとどまる。」「これに対し、時給制契約社員は、職場及び職務内容を限定して採用されており、正社員のような人事異動は行われず、郵便局を移る場合には、個別の同意に基づき、従前の郵便局における雇用契約を終了させた上で、新たに別の郵便局における勤務に関して雇用契約を締結し直している。」としています。

　日本郵便（大阪）事件及び日本郵便（佐賀）事件の各最高裁判決も、上記と同様のことを述べています。

② その他の事情

> **Q**：日本郵便事件では、職務の内容及び変更の範囲に関連するもの以外の事情として考慮し得る事情はなかったのでしょうか。
>
> **A**：正社員に登用される制度が設けてあることが挙げられていますが、大阪医科薬科大学事件やメトロコマース事件の各最高裁判決のように、不合理性の判断において、正社員の配置に関する事情を特に指摘して考慮するということはしていません。

【正社員登用制度】

　日本郵便（東京）事件・最高裁判決は「時給制契約社員に対しては、正社員に登用される制度が設けられており、人事評価や勤続年数等に関する応募要件を満たす応募者について、適性試験や面接等により選考される。」としています。

　日本郵便（大阪）事件・最高裁判決も、同様のことを述べています。
　なお、日本郵便事件・各最高裁判決は、不合理性判断において「労働契約法20条所定の職務の内容や当該職務の内容及び配置の変更の範囲その他の事情につき相応の相違があること等を考慮して」と述べていますが、大阪医科薬科大学事件やメトロコマース事件の各最高裁判決のように、無期雇用労働者の配置に関する事情等、正社員登用制度以外の事情を明示的に述べてはいません。

（2）年末年始勤務手当（東京・大阪）

> **Q**：年末年始勤務手当について、最高裁はどう判断しましたか。
>
> **A**：原審である東京高裁が不合理と認めた判断を是認し、大阪高裁が契約期間5年以上という場合に不合理としていたものについて、契約期間にかかわらず不合理と判断しました。

【趣旨及び職務の内容等に基づく判断】

ア．日本郵便（東京）事件

　日本郵便（東京）事件・最高裁判決は「第1審被告（注：使用者）における年末年始勤務手当は、郵便の業務を担当する正社員の給与を構成する特殊勤務手当の一つであり、12月29日から翌年1月3日までの間において実際に勤務したときに支給されるものであることからすると、同業務についての最繁忙期であり、<u>多くの労働者が休日として過ごしている上記の期間において、同業務に従事したことに対し、その勤務の特殊性から基本給に加えて支給される対価としての性質を有する</u>ものであるといえる。また、年末年始勤務手当は、正社員が従事した業務の内容やその難度等に関わらず、<u>所定の期間において実際に勤務したこと自体を支給要件とするもの</u>であり、その支給金額も、実際に勤務した時期と時間に応じて一律である。」としています。

　その上で、「これを支給することとした趣旨は、郵便の業務を担当する時給制契約社員にも妥当するものである。」として不合理と判断しました。

イ．日本郵便（大阪）事件

　日本郵便（大阪）事件・最高裁判決も、上記日本郵便（東京）事件・最高裁判決と同様に述べ、同事件・大阪高裁判決が、次のように契約

期間が5年を超えた以降において支給しない場合には不合理とした判断を変更しました。

　日本郵便（大阪）事件・大阪高裁判決は、「年末年始勤務手当は、年末年始が最繁忙期になるという郵便事業の特殊性から、多くの労働者が休日として過ごしているはずの年末年始の時期に業務に従事しなければならない正社員の労苦に報いる趣旨で支給されるものと認められる。」「ところで、……、年末年始が最繁忙期になり、その時期に業務に従事しなければならないこと自体は、正社員のみならず本件契約社員においても同様といえる。しかしながら、他方で、本件契約社員は、①原則として短期雇用を前提とし、各郵便局において、その必要に応じて柔軟に労働力を補充、確保することを目的の一つとして設けられている雇用区分であり、その募集は、各郵便局の判断により、当該郵便局における業務量等の状況に応じて随時行われ、年末年始の期間は休日とされておらず、同期間に（むしろ同期間こそ）業務に従事することを当然の前提として採用されているということができること……、②契約期間は、時給制契約社員については6か月以内、月給制契約社員については1年以内とされており、実際にも、時給制契約社員の従業員数は、毎年、年末年始の期間又はこれを含む下半期に増加し、採用者数も、毎年、年末年始の期間に向けて11、12月が多くなっていること、③時給制契約社員の退職者の5割以上が1年以内、7割以上が3年以内での退職という統計結果があること……が指摘できる。さらに、一審被告（注：使用者）において、正社員の待遇を手厚くすることで有為な人材の長期的確保を図る必要があるとの事情や一審被告における各労働条件が労使協議を経て設定されたという事情がある。これら事情は、相応の重みのある労契法20条所定の『その他の事情』であり、労働条件の相違が不合理であるとの評価を妨げる事情ということができる。以上からすれば、本件比較対象正社員と本件契

約社員とで年末年始勤務手当に関し労働条件の相違が存在すること
は、直ちに不合理なものと評価することは相当ではない。」「もっとも、
本件契約社員にあっても、有期労働契約を反復して更新し、契約期間
を通算した期間が長期間に及んだ場合には、年末年始勤務手当を支給
する趣旨・目的との関係で本件比較対象正社員と本件契約社員との間
に相違を設ける根拠は薄弱なものとならざるを得ないから、このよう
な場合にも本件契約社員には本件比較対象正社員に対して支給される
年末年始勤務手当を一切支給しないという労働条件の相違は、職務内
容等の相違や導入時の経過、その他一審被告における上記事情などを
十分に考慮したとしても、もはや労契法20条にいう不合理と認められ
るものに当たると解するのが相当である。」として、各労働者について、
契約期間を通算した期間が5年を超えた平成27年5月1日以降につい
ては不合理と判断しました。

【補足説明】

　上記各事件の最高裁の判断からすると、「契約期間5年」という基準
を設けたこと自体を是正するために、上告を受理し判断を示したものの
ようにも思われます。

　しかし、日本郵便（大阪）事件・最高裁判決は、夏期冬期休暇につい
ては、同事件の原審が同様の判断をしたことについて、それを変更する
ことなく財産的損害が生じたといえるかどうかについて判断を示しまし
た。

　また、同事件の大阪高裁判決が、病気休暇について同様の判断を示し
たことについて、上告審として判断をしていません。

　そうすると、同事件・最高裁判決は、「契約期間5年」という基準を
用いて不合理であるか否かを分けたことについて統一的な法令解釈を示
したものではなく、同事件の大阪高裁判決が、年末年始勤務手当が業務
の内容に関連することから、その性質が支給要件に照らして客観的に定

められるべきところ、いわゆる有為人材確保論などを考慮して判断した点を是正したというのが正しい理解のように思われます。

そして、年末年始勤務手当の性質を同事件・最高裁判決のように理解すれば、同事件の大阪高裁判決のように「契約期間5年」という基準を設ける理由がなく、当然の結果としてその点も是正されたものと思われます。

なお、その場合、最高裁が、同事件・東京高裁判決について、この点を上告理由として受理しその判断を是認したことについては、年末年始手当が業務と密接に関連するものであることから、法令の解釈に関する重要な事項を含むものと判断したからではないかと思われます。

（3）年始期間における祝日給（大阪）

> **Q**：祝日給に対応する祝日割増賃金が年始期間に勤務しても支給されないことついて、最高裁はどう判断しましたか。
>
> **A**：原審である大阪高裁が、契約期間5年以上という場合に不合理としていたものについて、契約期間にかかわらず不合理と判断しました。

【趣旨及び職務の内容等に基づく判断】

日本郵便（大阪）事件・最高裁判決において、正社員に対して支払われる祝日給は「正社員が祝日において割り振られた正規の勤務時間中に勤務することを命ぜられて勤務したとき……及び祝日を除く1月1日から同月3日までの期間（以下「年始期間」という。注：通常は1月2日と同月3日）に勤務したときに支給されるもの」で、給与1時間あたりの額の135％の割合の金額でした。

また「年始期間については、郵便の業務を担当する正社員に対して特

別休暇が与えられており、これは、多くの労働者にとって年始期間が休日とされているという慣行に沿った休暇を設けるという目的によるものであると解される。」としています。

　これに対して、時給制ないし月給制の契約社員（有期雇用労働者）が、祝日に勤務することを命ぜられて勤務したときに支払われる祝日割増賃金は、時給ないし給与1時間あたりの額の35％の割合の金額でしたが、年始期間に勤務しても支給されず、年始期間に特別休暇もありませんでした。

　そのため、同事件・最高裁判決は、有期雇用労働者に対して年始期間についての特別休暇が与えられず、年始期間の勤務に対しても祝日割増賃金が支給されないことについて「年始期間の勤務に対する祝日給は、特別休暇が与えられることとされているにもかかわらず最繁忙期であるために年始期間に勤務したことについて、その代償として、通常の勤務に対する賃金に所定の割増しをしたものを支給することとされたものと解され、郵便の業務を担当する正社員と本件契約社員との間の祝日給及びこれに対応する祝日割増賃金に係る上記の労働条件の相違は、上記特別休暇に係る労働条件の相違を反映したものと考えられる。」としています。

　その上で「しかしながら、本件契約社員は、契約期間が6か月以内又は1年以内とされており、第1審原告（注：労働者）らのように有期労働契約の更新を繰り返して勤務する者も存するなど、繁忙期に限定された短期間の勤務ではなく、業務の繁閑に関わらない勤務が見込まれている。そうすると、最繁忙期における労働力の確保の観点から、本件契約社員に対して上記特別休暇を付与しないこと自体には理由があるということはできるものの、年始期間における勤務の代償として祝日給を支給する趣旨は、本件契約社員にも妥当するというべきである。」として、年始期間の勤務に対して、無期雇用労働者の祝日給に対応する祝日割増賃金を支給しないことは不合理であるとしました。

【補足説明】

ア．祝日給について日本郵便（大阪）事件だけが判断された理由

　日本郵便（大阪）事件・最高裁判決における祝日給は、年始期間に限ってみれば、正社員（無期雇用労働者）に対しては特別休暇が付与される関係から割増賃金（休日手当）が支払われるのに対し、契約社員（有期雇用労働者）については、元々勤務日であるため、祝日割増賃金が支払われないという差があったことから、不合理と判断されたものです。

　これに対し、日本郵便（東京）事件及び日本郵便（佐賀）事件の各最高裁判決は、同事件の原審である高裁判決が、いずれも、祝日に勤務した正社員に対して祝日給を、契約社員に対して祝日割増賃金を支払うという相違について不合理ではないと判断した点について、上告理由として受理しませんでした。その結果、これについて最高裁が判断することなく、高裁の判断が確定しています。

　この差が生じる理由は、各高裁判決をみればわかることですが、日本郵便（東京）事件及び日本郵便（佐賀）事件の労働者は、年始期間の相違に着目した主張をすることなく、単に、祝日給（135％）と祝日割増賃金（35％）の相違を不合理と主張したため、その主張が認められなかったのに対して、日本郵便（大阪）事件の労働者だけが、それに加えて、年始期間の勤務における相違に着目し、それについて不合理だと主張したことが認められたものです。

イ．最高裁が原審の判断を変更した理由

　同事件の原審である大阪高裁判決は、契約期間5年以降は不合理としましたが、同事件の最高裁判決は、そのような限定をしなかったため、最高裁は、この点を法令の統一的解釈として示すために上告理由として受理したようにも思われます。

　しかし、同事件の大阪高裁は、不合理と判断した理由の一つとして

「長期雇用を前提とする正社員と、原則として短期雇用であり、かつ、一審被告（注：使用者）の業務の特殊性から、最繁忙期である年始期間に勤務することを前提に採用されている本件契約社員との間で、勤務日や休暇について異なる制度や運用を採用すること自体は、企業の人事上の施策として一定の合理性があるというべきである。」としていました。

　また、日本郵便（大阪）事件・最高裁判決における扶養手当についての判断及び日本郵便（東京）事件・最高裁判決における病気休暇についての判断では、それらの支給理由として「継続的な雇用を確保する目的」を認めるとともに、いずれも「第1審原告らのように有期労働契約の更新を繰り返して勤務する者が存するなど、相応に継続的な勤務が見込まれているといえる。」として、有期雇用労働者に対して支給しないことを不合理だと判断しています。

　それに対して、日本郵便（大阪）事件・最高裁判決は、祝日給の判断において、「第1審原告らのように有期労働契約の更新を繰り返して勤務する者も存するなど、繁忙期に限定された短期間の勤務ではなく、業務の繁閑に関わらない勤務が見込まれている。」としています。

　つまり、最高裁は、扶養手当及び病気休暇については、継続的な雇用を確保する目的で給付されることを認めたことから、更新を繰り返して勤務する者「が」存在することが、不合理だと判断するための主たる理由となるのに対し、祝日給については、繁忙期、特に年始期間に限定された短期間の勤務でないことが不合理だと判断するための主たる理由になると考えているものと理解することができます。

　したがって、日本郵便（大阪）事件・最高裁判決は、同事件の原審である大阪高裁判決の判断が、契約社員について、繁忙期に勤務することを前提に雇用されたものと解し、年始期間における祝日給の支給（祝日割増賃金の不支給）について、その目的が長期雇用を前提とした人事上の施策とした点を否定し、それに伴い、相応に継続的な勤務

（契約期間5年以上）が認められる場合に不合理と認めると判断したことを否定するために、上告審として判断を示したものと理解されます。

（4）病気休暇（東京）

> 🇶 ：病気休暇について、日本郵便（東京）事件・最高裁判決は、どのように判断しましたか。
>
> 🇦 ：日数の相違は別にして、相応に継続的な勤務が見込まれていることから、契約社員（有期雇用労働者）に対して無給であることを、不合理と判断しました。

【趣旨及び職務の内容等に基づく判断】

日本郵便（東京）事件・最高裁判決における病気休暇は、正社員（無期雇用労働者）に対して「私傷病等により、勤務日又は正規の勤務時間中に勤務しない者に与えられる有給休暇であり、私傷病による病気休暇は少なくとも引き続き90日間まで与えられる」のに対して、契約社員（有期雇用労働者）に対しては、「1年に10日の範囲で無給の休暇が与えられるにとどまる」ものでした。

この目的について、同事件の最高裁判決は「第1審被告（注：使用者）において、私傷病により勤務することができなくなった郵便の業務を担当する正社員に対して有給の病気休暇が与えられているのは、上記正社員が長期にわたり継続して勤務することが期待されることから、その生活保障を図り、私傷病の療養に専念させることを通じて、その継続的な雇用を確保するという目的によるものと考えられる。このように、継続的な勤務が見込まれる労働者に私傷病による有給の病気休暇を与えるものとすることは、使用者の経営判断として尊重し得るものと解される。」

としています。

その上で「もっとも、上記目的に照らせば、郵便の業務を担当する時給制契約社員についても、<u>相応に継続的な勤務が見込まれるのであれば、私傷病による有給の病気休暇を与えることとした趣旨は妥当する</u>というべきである。そして、第1審被告においては、<u>上記時給制契約社員は、契約期間が6か月以内とされており、第1審原告らのように有期労働契約の更新を繰り返して勤務する者が存するなど、相応に継続的な勤務が見込まれている</u>といえる。」として、「私傷病による病気休暇の日数につき相違を設けることはともかく、これを有給とするか無給とするかにつき労働条件の相違があることは、不合理であると評価することができるものといえる。」としました。

　なお、同事件の原審である東京高裁判決は、結論は最高裁と同じように契約社員（有期雇用労働者）について無給とする点を不合理と判断しましたが、その趣旨について「労働者の健康保持のため、私傷病により勤務できなくなった場合に、療養に専念させるための制度」と解した上で、「第1審被告は、病気休暇は、正社員の長期雇用を前提として、私傷病により勤務できなくなった場合に療養に専念させるために有給の休暇を付与し、定年までの長期にわたり会社へ貢献する動機づけをすることにより無期契約労働者としての長期的な勤続を確保することを目的としていると主張するが、病気休暇の趣旨は上記のとおり解するのが相当であり、第1審被告の主張は採用できない。」としました。

　また「第1審被告は、時給制契約社員について、無給の病気休暇が認められていることに加えて、やむを得ない相当な理由があると認められる場合には、所属長へ申し出て承認を得ることで、無断欠勤の取扱いはしていないし、1週当たり20時間以上勤務する時給制契約社員は、私傷病により4日間以上欠勤し、その間給与の支給を受けなかった場合には、4日目以降最長1年6か月までの間、傷病手当金として、1日当たり過

去12か月間の各月の標準報酬月額の平均額を30で除した額の3分の2に相当する金額の給付を受けることができると主張する。しかし、病気休暇は、時給制契約社員に対し私傷病の場合も無給とされていることが不合理であると評価することができるものであるから、無給の休暇制度があることや健康保険から第1審被告主張の傷病手当金の給付を受けられること……は、上記判断を左右するものではない。」としています。

　これに対し、日本郵便（大阪）事件・大阪高裁判決は「一般の国家公務員の病気休暇は、職員が私傷病になった場合にも安んじて療養に専念させ、健康体に回復させることによって公務能率の維持向上に資することにあると考えられるところ、一審被告の病気休暇も同趣旨と認められる。」「ところで、病気休暇についても、……長期雇用を前提とする正社員と原則として短期雇用を前提とする本件契約社員との間で、病気休暇について異なる制度や運用を採用すること自体は、相応の合理性があるというべきであり、一審被告における本件契約社員と本件比較対象正社員との間で病気休暇の期間やその間有給とするか否かについての相違が存在することは、直ちに不合理であると評価することはできない。」「もっとも、前記年末年始勤務手当の項……で説示した（注：契約期間を通算した期間が長期間に及んだ場合には、労契法20条にいう不合理と認められるものにあたる）ことは、病気休暇にも当てはまるというべきである。」として、有期労働契約が更新され、契約期間を通算した期間が5年を超えた平成27年5月1日以降も病気休暇について相違を設けることは、不合理というべきとしました。

【補足説明】

　最高裁は、日本郵便（東京）事件において病気休暇について上告理由として受理し、日本郵便（大阪）事件におけるそれは受理しませんでしたが、結論をみれば、東京高裁判決のとった結論を否定したものではあ

りませんし、他方で、大阪高裁のとった契約期間5年を超える場合に不合理とした判断も否定したものではありません。このことについて、整合的に理解しようとすればどうすればよいのか疑問視されていました。

　これについては、最高裁が、病気休暇の目的について、東京高裁判決が「定年までの長期にわたり会社へ貢献する動機づけをすることにより無期契約労働者としての長期的な勤続を確保することを目的」とする旨の使用者の主張を排斥したことを是正するために上告理由として受理し、使用者の主観的な目的である「継続的な雇用を確保するという目的」を否定しない旨の判断を示したものと理解すべきと思われます。

　前述の、年末年始勤務手当や祝日給といった業務と密接な関連性が認められる手当については、その支給要件等から支給目的が客観的に判断されるべきであるのに対し、病気休暇のように、業務との関連性が薄く、福利厚生としての性格が強いものについては、継続的な雇用の確保という主観的な目的という使用者の裁量を認める余地があると判断したものと推察されます。

　そのため、日本郵便（大阪）事件・最高裁判決は、原審である大阪高裁判決が、正社員に対する長期雇用を前提とした制度を使用者が設けること自体を否定しなかった点について誤りがないものと判断し、また、そのような理由を前提として、契約期間5年以降は不合理とした判断について、結論として不合理としている以上、破棄するまでの必要はないと判断したものと思われます。

（5）扶養手当（大阪）

> **Q**：扶養手当について、日本郵便（大阪）事件・最高裁判決は、どのように判断しましたか。
>
> **A**：原審である大阪高裁判決が、契約社員（有期雇用労働者）に対して扶養手当を支給しないことについて、不合理とは認めなかった判断を変更して、相応に継続的な勤務が見込まれていることを理由に、不合理と判断しました。

【趣旨及び職務の内容等に基づく判断】

　日本郵便（大阪）事件・最高裁判決は「第1審被告（注：使用者）において、郵便の業務を担当する正社員に対して扶養手当が支給されているのは、上記正社員が長期にわたり継続して勤務することが期待されることから、その生活保障や福利厚生を図り、扶養親族のある者の生活設計等を容易にさせることを通じて、その継続的な雇用を確保するという目的によるものと考えられる。このように、継続的な勤務が見込まれる労働者に扶養手当を支給するものとすることは、使用者の経営判断として尊重し得るものと解される。」としました。

　その上で「上記目的に照らせば、本件契約社員についても、扶養親族があり、かつ、相応に継続的な勤務が見込まれるのであれば、扶養手当を支給することとした趣旨は妥当するというべきである。そして、第1審被告においては、本件契約社員は、契約期間が6か月以内又は1年以内とされており、第1審原告らのように有期労働契約の更新を繰り返して勤務する者が存するなど、相応に継続的な勤務が見込まれているといえる。」として、契約社員（有期雇用労働者）に対して扶養手当を支給しないことを不合理と判断しました。

なお、日本郵便（大阪）事件の大阪高裁判決は「扶養手当は、いわゆる家族手当に該当するところ、家族手当は、一般的に生活手当の一種とされており、長期雇用システム（いわゆる終身雇用制）と年功的の賃金体系の下、家族構成や生活状況が変化し、それによって生活費の負担が増減することを前提として、会社が労働者のみならずその家族の生活費まで負担することで、有為な人材の獲得、定着を図り、長期にわたって会社に貢献してもらうという効果を期待して支給されるものと考えられる。そして、……歴史的経緯や支給要件等からすれば、一審被告（注：使用者）の扶養手当も、上記と同様に長期雇用を前提として基本給を補完する生活手当としての性質、趣旨を有するものといえる。」としています。

　その上で「これに対し、本件契約社員は、原則として短期雇用を前提とし、必要に応じて柔軟に労働力を補充、確保するために雇用されたものであり、賃金も年功的賃金体系は採用されておらず、基本的には従事する業務の内容や就業の場所等に応じて定められている……のであるから、長期雇用を前提とする基本給の補完といった扶養手当の性質及び支給の趣旨に沿わないし、本件契約社員についても家族構成や生活状況の変化によって生活費の負担増もあり得るが、基本的には転職等による収入増加で対応することが想定されている。」として、契約社員（有期雇用労働者）に対して扶養手当を支給しないことについて、不合理と認めませんでした。

【補足説明】

　同事件・最高裁判決における扶養手当についての判断では、その支給理由として「継続的な雇用を確保する目的」を認めるとともに、「第1審原告らのように有期労働契約の更新を繰り返して<u>勤務する者が</u>存するなど、相応に継続的な勤務が見込まれているといえる。」として、有期雇用労働者に対して支給しないことを不合理だと判断しています。

それに対して、同事件・最高裁判決は、祝日給の判断において、「第1審原告らのように有期労働契約の更新を繰り返して勤務する者も存するなど、繁忙期に限定された短期間の勤務ではなく、業務の繁閑に関わらない勤務が見込まれている。」としています。

　このことから、最高裁は、祝日給については、繁忙期、特に年始期間に限定された短期間の勤務でないことが不合理だと判断するための主たる理由となると考えるのに対し、扶養手当については、継続的な雇用を確保する目的で給付されることを認めたことから、更新を繰り返して勤務する者「が」存在することが、不合理だと判断するための主たる理由であると考えているものと理解することができます。

　そのため、最高裁が、同事件の大阪高裁判決における扶養手当について上告理由として受理したのは、手当の目的・性質の判断については誤りがないとしても、原告である労働者について不合理といえるかどうかという判断の結論について誤りがあり、そのことが、法令の解釈に関する重要な事項を含むものと認められたからであると思われます。

（6）夏期冬期休暇（東京・大阪・佐賀）

> **Q**：夏期冬期休暇について、日本郵便（佐賀）事件・最高裁判決は、どのように判断しましたか。
>
> **A**：契約社員（有期雇用労働者）に対して有給の夏期冬期休暇を付与しないことについて、不合理と判断しました。

【趣旨及び職務の内容等に基づく判断】

　日本郵便（佐賀）事件・最高裁判決は「上告人（注：使用者）において、郵便の業務を担当する正社員に対して夏期冬期休暇が与えられているのは、年次有給休暇や病気休暇等とは別に、労働から離れる機会を与

えることにより、心身の回復を図るという目的によるものであると解され、夏期冬期休暇の取得の可否や取得し得る日数は上記正社員の勤続期間の長さに応じて定まるものとはされていない。そして、郵便の業務を担当する時給制契約社員は、契約期間が６か月以内とされるなど、繁忙期に限定された短期間の勤務ではなく、業務の繁閑に関わらない勤務が見込まれているのであって、夏期冬期休暇を与える趣旨は、上記時給制契約社員にも妥当するというべきである。」として、郵便の業務を担当する正社員（無期雇用労働者）に対して有給の夏期冬期休暇を与える一方で、郵便の業務を担当する契約社員（有期雇用労働者）に対して同様に夏期冬期休暇を与えないことを不合理と判断しました。

【補足説明】

　日本郵便事件・各最高裁判決は、いずれについても、夏期冬期休暇に関する相違を不合理と判断しましたが、そのことを直接判断したのは日本郵便（佐賀）事件だけです。

　日本郵便（佐賀）事件の原審である福岡高裁判決もそうでしたが、日本郵便（東京）事件及び日本郵便（大阪）事件は、各事件の高裁判決が当該相違を不合理と判断していましたので、それを前提に、このことにより財産的損害が生じたかどうかを判断したものです。

第4章
確定した高裁判決の判断

　本章は、最高裁が、各事件において、高裁判決に対する上告受理申立から排除し、確定したものについてみていくものです。

　もっとも、民事訴訟法312条は、判決に憲法の解釈の誤りがあることその他憲法の違反があることを理由とするとき（1項）及び判決に重要な手続違反がある場合（2項）に限り、最高裁へ上告ができるものとしています。

　他方、同法318条は、原判決に最高裁判所の判例と相反する判断がある事件その他の法令の解釈に関する重要な事項を含むものと認められる事件について、当事者の申立てにより、決定で、上告審として事件を受理することができるものとしています（1項・上告受理申立て）。また、この場合、最高裁判所は、上告受理の申立ての理由中に重要でないと認めるものがあるときは、これを排除することができるものとされています（3項）。

　そのため、高裁判決について不服があるとき、それがどのような場合でも最高裁へ上告し、最高裁が判断を示してくれるというものではありませんし、高裁判決の判断が確定するといっても、そのことから、最高裁が積極的にその点を認めたということまでは意味しません。

　そして、旧労契法20条に関する各最高裁判例は、いずれも、民事訴訟法318条1項所定の申立てを受けて最高裁が判断を示したものであることから、各事件で最高裁が判断した事項は、最高裁が、法令解釈の統一のために重要であると認め、上告審として受理したものということができますが、確定した高裁の判断について、将来的に、同様の判断が最高裁で維持されることまでは意味しないことについて注意が必要です。

1　ハマキョウレックス事件

（1）家族手当・一時金・定期昇給・退職金

> Ｑ：ハマキョウレックス事件で、大阪高裁判決の判断が確定した
> ものはどのようなものがありますか。
>
> Ａ：家族手当、一時金の支給、定期昇給及び退職金の支給に関す
> る労働条件の相違について、旧労契法20条に違反するかにつ
> いて判断するまでもなく、給付を受ける権利がないとした判
> 断が確定しました。

裁判例：就業規則の適用がないことを理由に判断をしなかったもの

　ハマキョウレックス事件・大阪高裁判決は「1審原告（注：労働者）は、
本件諸手当（注：皆勤手当等）を除くその余の労働条件（家族手当、一
時金の支給、定期昇給及び退職金の支給）についても、正社員と契約社
員との間に相違があり、労働契約法20条に反して無効である旨主張して、
前記労働条件に関し、正社員……と同一の権利を有する地位にあるとの
確認を求めているが、……、前記労働条件が同条に違反するものである
としても、同条違反の民事的効力として、当然に正社員……の労働条件
と同一になる補充的効力を有するものとは認められないし、本件正社員
就業規則……、本件契約社員就業規則……の規定の合理的な解釈として、
本件契約社員就業規則及び本件有期労働契約上の該当規定が同法20条に
違反する結果、本件正社員就業規則……の該当規定が適用されることに
なると解することもできないから、本件有期労働契約における家族手当、

一時金の支給、定期昇給及び退職金の支給に関する労働条件の相違が同法20条に違反するか否かについて判断するまでもなく、1審原告が1審被告（注：使用者）に対し、家族手当、一時金の支給、定期昇給及び退職金の支給に関し、正社員……と同一の権利を有する地位にあることの確認を求めることはできない。」と判断しました。

【補足説明】

上記大阪高裁判決の判断は、契約社員（有期雇用労働者）に適用される就業規則の効力を旧労契法20条違反を理由に無効としても、正社員（無期雇用労働者）に適用される就業規則に規定のある「家族手当、一時金の支給、定期昇給及び退職金」の支給を受けることにはならないとの理由からなされたものです。

結論として、一時金の支給、定期昇給及び退職金について損害賠償請求を認めなかったことはそれでよいとしても、家族手当については、各日本郵便事件・最高裁判決が夏期冬期休暇の相違を不合理と判断し、当該休暇を定めた規定の適用を受けなくとも損害賠償を認めたこととの整合性が気になります。

その点については、おそらく、日本郵便（大阪）事件・最高裁判決が、同事件の扶養手当について、継続的な雇用を確保する目的で、相応に継続的な勤務が見込まれる場合であることを前提に不合理と判断したことに照らせば、ハマキョウレックス事件では、そのような状況になく、家族手当を支給しないことも不合理でないと判断したのかもしれません。そのため、就業規則の適用を受けないという理由はともかく、結論として妥当であるため、大阪高裁判決の判断を確定させたのだと思われます。

（2）公序良俗違反

> Ｑ：ハマキョウレックス事件の大阪高裁判決は、労働条件の相違
> 以外について判断したものはありませんか。
>
> Ａ：労働条件の相違が、公序良俗に反して無効となるものではな
> いと判断しました。

裁判例：公序良俗に反しないと判断したもの

　ハマキョウレックス事件・大阪高裁判決は「有期契約労働者と無期契
約労働者との間の労働条件の不合理な相違を禁止した労働契約法20条が
施行されたのは平成25年４月１日であるから、同日より前の時点で１審
原告（注：労働者）主張の労働条件の相違があったとしても、そのこと
から直ちに民法90条の公序良俗に反することになるものではなく、１審
原告の前記主張に鑑み、関係証拠を検討しても、前記労働条件の差異が
公序良俗に反するものと認めることはできない。また、１審原告主張の
前記労働条件の相違のうち、労働契約法20条に違反するものと認められ
なかった労働条件については、公序良俗に反するものと認める余地はな
い。」としています。

【補足説明】

　同事件の大阪高裁判決が、公序良俗違反について判断した理由は、原
告である有期雇用労働者がそのように主張したからです。

　上記のとおり、旧労契法20条が施行された平成25年４月１日よりも前
から労働条件の相違が存在したことから、それについても無効として、
損害賠償ないし、各種手当の給付を求めるための理由として公序良俗違
反が主張されたものでした。

2　大阪医科薬科大学事件

（1）基本給

> **Q**：基本給について、どの最高裁判決も判断していませんが、高裁判決で基本給を問題としたものはないのでしょうか。
>
> **A**：大阪医科薬科大学事件、メトロコマース事件及び日本郵便（佐賀）事件の各高裁判決が、いずれも不合理でないと判断しました。

裁判例：時給と月給及びその格差について不合理としなかったもの

ア．比較対象

　大阪医科薬科大学事件・大阪高裁判決は、アルバイト職員（有期雇用労働者）と比較すべき正職員（無期雇用労働者）について「控訴人（注：労働者）と労働条件を比較対照すべきは被控訴人（注：使用者）の正職員全体とすべきである。しかし、賃金（基本給）についてみると、その対象者は、控訴人が平成25年1月29日に採用されたことからすると、被控訴人の正職員全体の中でも、これに近接した時期である同年4月1日付けで新規採用された正職員とするのが相当である。」としました。

イ．時給制と月給制の相違

　その上で、アルバイト職員が時給制であるのに対して、正職員が月給制であることについて「アルバイト職員は時給制、正職員は月給制

という労働条件の相違についてみると、どちらも賃金の定め方として一般に受け入れられているものである。その上、認定事実によれば……、アルバイト職員は短時間勤務者が約６割を占めていることが認められる。そのことを踏まえると、アルバイト職員に、短時間勤務者に適した時給制を採用していることは不合理とはいえない。」としました。

ウ．賃金格差

そして、原告である労働者と平成25年４月新規採用の正職員との間に２割程度の賃金格差があることについて、職務の内容等を比較した上で「正職員とアルバイト職員とでは、実際の職務も、配転の可能性も、採用に際し求められる能力にも相当の相違があったというべきである。被控訴人が、アルバイト職員から契約職員、契約職員から正職員へと登用される道を開く登用試験を実施していたことも……、それぞれの職務及び採用に際し求められる能力が異なっていたことを示すものである。さらに、……正職員の賃金は勤続年数に伴う職務遂行能力の向上に応じた職能給的な賃金、アルバイト職員の賃金は特定の簡易な作業に対応した職務給的な賃金としての性格を有していたといえる。以上のとおり、職務、責任、異動可能性、採用に際し求められる能力に大きな相違があること、賃金の性格も異なることを踏まえると、正職員とアルバイト職員で賃金水準に一定の相違が生ずることも不合理とはいえないというべきである。」として、賃金格差の相違が２割にとどまっていることから不合理でないと判断しました。

【補足説明】

上記大阪高裁判決も、同事件・最高裁判決が、職務の内容等について相違を認めたのと同様に、アルバイト職員の業務の大半が教授等のスケジュール管理・日程調整、各種事務、備品管理等の定型的で簡便な業務

であり、正職員とのそれと比較して、相当な相違があったことを、具体的に認めています。

　そのため、同事件・大阪高裁判決が「２割」の相違を不合理としなかったことが今後の基準となるようなものではなく、事例として参考になると評価するのが妥当だと思われます。

　なお、旧労契法20条の趣旨が、有期雇用労働者の労働条件が絶対的に低いことを許容しない趣旨だとすれば、相違が２割であることではなく、アルバイト職員の賃金額の多寡そのものが判断の対象となります。しかし、そうならないのは、同条の趣旨を無期雇用労働者との労働条件の「相違」の不合理性を許容しないものと解したことの帰結ということになります。

（２）年末年始・創立記念日の休日における賃金支給

> **Q**：時給制と月給制では、休日ないし休暇が多い場合には給与の額に相当な相違が生じることとなりますが、この点は不合理とはいえないのでしょうか。
>
> **A**：大阪医科薬科大学事件の大阪高裁判決では、短時間勤務者が多くを占めるアルバイト職員に適した賃金制度を適用したことの違いによる帰結であるとして不合理としませんでした。

裁判例：休日の賃金がないことを不合理としなかったもの

　大阪医科薬科大学事件・大阪高裁判決は「年末年始及び創立記念日の休日については、アルバイト職員は時給制であるため休日が増えればそれだけ賃金が減少するが、正職員は月給制であるため賃金が減額されるわけではないという違いが生ずる。しかし、これは、賃金について一方は時給制、他方は月給制を採用したことの帰結にすぎず、……、正職員

に月給制、アルバイト職員に時給制を採用すること自体が不合理とはいえないから、このような相違が生ずることをもって不合理とはいえない。」としています。

【補足説明】

　同事件では、月給制の正職員については、年末年始及び創立記念日の休日について勤務しなくても欠勤控除されることがないことから、特別な有給休暇が付与されるのに対して、時給制のアルバイト職員の場合は、同様な有給休暇が付与されないと捉えれば、その点で労働条件の相違があるともいえます。

　この点、日本郵便（大阪）事件・最高裁判決は、祝日給に対応する祝日割増賃金を年始期間に勤務した契約社員（有期雇用労働者）に支給しないことを不合理と判断していますが、これは勤務した場合の上乗せ（割増）の有無の相違を問題としたものですので、上記判断とパラレルに考えることはできません。

　また、日本郵便（佐賀）事件・最高裁判決が、夏期冬期休暇について、不合理と判断したこととの整合性が問題になるようにも思われますが、これについても、特定の日（年末年始及び創立記念日）を休日とすることと、本来的に勤務しなければならない日について有給の休暇の有無という労働条件の相違があることとは前提が異なります。

　そうすると、大阪医科薬科大学事件における年末年始等の休日は、上述した「特別の休暇」という整理ではなく、労働義務の免除された休日における賃金についての問題であって、そもそもノーワーク・ノーペイの原則が妥当するものです。

　その結果、就労義務のない日であることを前提とした場合には、それにより給与に相違が生じるとしても、制度の相違による帰結として不合理とはいえないと判断されたものと理解できます。

（3）年休の日数

> **Q**：大阪医科薬科大事件で、大阪高裁判決は、年次有給休暇の日数に相違があることについて、どのように判断しましたか。
>
> **A**：手続的な理由により、１日の相違を不合理とは判断しませんでした。

裁判例：年休１日の相違を不合理としなかったもの

　大阪医科薬科大学事件・大阪高裁判決は、これについて、原審である大阪地裁判決を引用して「確かに、……被告（注：使用者）の正職員とアルバイト職員では、年休の算定方法に相違があることが認められ、その結果、原告が採用された同じ日に、仮に、正社員として採用されていたとすると、年休の日数が１日少ないこととなる。」

　「もっとも、そもそも被告の正職員について、当初の２年内において年休付与日数を調整し、採用から２年以内に到来する最後の年始以降、年休付与日を毎年１月１日として、一律に扱うという手続を採用している理由は、被告の正職員が、被告において長期にわたり継続して就労することが想定されていることに照らし、年休手続の省力化や事務の簡便化を図るという点にあると認められる。これに対して、アルバイト職員については、雇用期間が一定しておらず、また、更新の有無についても画一的とはいえない上、必ずしも長期間継続した就労が想定されているとは限らず、年休付与日を特定の日に調整する必然性に乏しいことから、個別に年休の日数を計算するものとしたと考えられる。」として、年休の日数の算定方法が相違することに一定の根拠が存在し、その結果付与される日数が１日異なることが不合理であるとは認めませんでした。

【補足説明】

年次有給休暇は、法定の労働条件といえますので、それを上回る場合に相違があれば、不合理かどうかの判断対象になると思われます。

ところで、年次有給休暇は、職務の内容や変更の範囲に関連するものではなく、所定労働時間、所定労働日数及び雇用期間と出勤率により異なるため、それらを異にしない限り、日数に相違が生じる合理的な理由にはなりません。

そのため、上記大阪高裁判決は、手続上の相違の帰結であることを理由に不合理と判断しなかったことからすれば、このことを事情として考慮し、また、その相違する日数が1日だったことも、判断に影響したものと思われます。

（4）夏期特別有給休暇

> **Q**：大阪医科薬科大学事件の大阪高裁判決は、アルバイト職員に対して有給の夏期特別有給休暇がないことについて、どのように判断しましたか。
>
> **A**：同休暇が、心身のリフレッシュを図らせる目的で付与されることを認め、フルタイムで勤務するアルバイト職員に同休暇が付与されないことを不合理と判断しました。

裁判例：夏期特別有給休暇がないことを不合理と判断したもの

大阪医科薬科大学事件・大阪高裁判決は、正職員（無期雇用労働者）に対して夏期（7月1日から9月30日まで）に5日の夏期特別有給休暇が付与されるのに対しアルバイト職員には付与されないことについて、その趣旨について「わが国の蒸し暑い夏においては、その時期に職務に従事することは体力的に負担が大きく、休暇を付与し、心身のリフレッ

シュを図らせることには十分な必要性及び合理性が認められる。また、いわゆる旧盆の時期には、お盆の行事等で多くの国民が帰省し、子供が夏休みであることから家族旅行に出かけることも多いことは、公知の事実といえる。このため、官公署や企業が夏期の特別休暇制度を設けていることも、公知の事実である。」としました。

また、使用者が、正職員とアルバイト職員では勤務時間も責任も異なることから、夏期特別有給休暇を正職員にのみ付与することは不合理ではないと主張したことについて、「正職員は、長期にわたり継続してフルタイムで就労することが想定されており、時間外労働も相対的に長いことから……1年に1度、夏期に5日間のまとまった有給休暇を付与することには意味がある。しかし、アルバイト職員であってもフルタイムで勤務している者は、職務の違いや多少の労働時間（時間外勤務を含む。）の相違はあるにせよ、夏期に相当程度の疲労を感ずるに至ることは想像に難くない。」として、年間を通してフルタイムで勤務しているアルバイト職員に対し、正職員と同様の夏期特別有給休暇を付与しないことは不合理であると判断しました。

【補足説明】

同事件の年末年始・創立記念日の休日の判断とは反対に、夏期特別有給休暇の相違について不合理だと判断しましたが、勤務することを前提として付与される休暇である点で前提が異なります。

そして、日本郵便（佐賀）事件・最高裁判決が、夏期冬期休暇について「労働から離れる機会を与えることにより、心身の回復を図るという目的」により付与されるものと判断しており、上記の大阪高裁判決も、その点で、判断に問題がなく、上告理由として受理されず確定されたものと思われます。

（5）医療費補助措置

> **Q**：大阪医科薬科大学事件・大阪高裁判決は、医療費補助措置についての相違はどのように判断しましたか。
>
> **A**：それ自体が労働条件ではなく、それについて相違があることが使用者の裁量を逸脱又は濫用したものでもなく、旧労契法20条に違反しないと判断しました。

裁判例：旧労契法20条の「労働条件」でないとして違反しないとしたもの

　大阪医科薬科大学事件・大阪高裁判決は、正職員（無期雇用労働者）がその附属病院を受診した場合、月額4000円を上限として医療費の補助が受けられるが、アルバイト職員（有期雇用労働者）が同補助を受けることができないことについて、原審の大阪地裁判決を引用して「附属病院の医療費補助措置の対象者は必ずしも雇用契約の当事者のみというわけではなく、被告（注：使用者）の理事や評議員、職員の家族、大学院生、学部生等広範な者が対象となっていること」「被告と一定の関わりを有する者が受診することによって、上記目的に一定程度の貢献をすることに対する謝礼としての側面や病院運営を事業とする者にとって想定し得る関係者等に対する社会儀礼上のものという側面も有するものと解される」ことなどから、「同制度は、被控訴人との一定の関係を有する者に恩恵的に施されるものであって、労働契約の一部として何らかの対価として支出されるものではないというべきである」として、労働契約の内容（労働条件）とは認めませんでした。

【補足説明】

　旧労契法20条の「期間の定めがあることにより」との規定による同条

の適用の有無が問題となることがない状況で、「労働条件」にあたらないという理由で同条の適用を否定した点に特徴があります。ただ、「従業員割引」のようなものがある場合に、常にそれが労働条件ではないと言い得るものではないことに注意が必要です。

　なお、同事件・大阪高裁判決は、これについて、仮に労働条件に含まれるとしても、その適用範囲等の決定については、使用者に広範な裁量が認められるものと解し、それを逸脱・濫用したとも認められないことから、旧労契法20条に違反しないとも判断しています。

3 メトロコマース事件

（1）本　給

> **Q**：本給（基本給）について、メトロコマース事件・東京高裁判決はどのように判断しましたか。
>
> **A**：正社員の長期雇用を前提として、異なる賃金制度を設けることも人事施策上の判断として一定の合理性があるとした上で、実際の相違が27％程度であったことを踏まえ、不合理とは判断しませんでした。

裁判例：基本給の相違について不合理としなかったもの

　メトロコマース事件・東京高裁判決は、賃金制度について「一般論として、第1審被告（注：使用者）において、高卒・大卒新入社員を採用することがある正社員には長期雇用を前提とした年功的な賃金制度を設け、本来的に短期雇用を前提とする有期契約労働者にはこれと異なる賃金体系を設けるという制度設計をすることには、企業の人事施策上の判断として一定の合理性が認められるところである。」としています。

　そして、同事件の最高裁判決と同様に、職務の内容及び変更の範囲に相違があることだけでなく、「売店業務に従事している互助会出身者（注：正社員）は、業務経験年数が互助会から通算すると第1審原告（注：労働者）らよりも長いから、単純に比較することはできないものの、年齢給が全員7万2000円の支給を受けている可能性が高く、職務給の平均が18万2541円であったから、本給だけで25万4541円になるところ、第1審

原告らが過去に支給された最も高い本給は……19万0080円、……18万4800円、……18万7460円であり、それぞれ74.7％、72.6％、73.6％……と一概に低いとはいえない割合となっているし、契約社員Bには、正社員とは異なり、皆勤手当及び早番手当が支給されている。」として具体的な相違の程度を踏まえ、不合理とは判断しませんでした。

　また、「このような賃金の相違については、決して固定的・絶対的なものではなく、契約社員Bから契約社員A（現在は職種限定社員）及び契約社員Aから正社員への各登用制度を利用することによって解消することができる機会も与えられている」（登用制度）ことや、「平成12年10月の関連会社再編によって互助会から転籍してきた者が一定程度の割合を占めており、その勤務実績や関連会社再編という経緯からして、互助会在籍時に正社員として勤務していた者を契約社員に切り替えたり、正社員として支給されてきた賃金の水準を第1審被告（注：使用者）が一方的に切り下げたりすることはできなかったものと考えられ、勤務条件についての労使交渉が行われたこと」を、不合理ではないと判断した理由としています。

【補足説明】

　同事件の最高裁判決が、原審である東京高裁判決の基本給に関する判断を確定させたのは、東京高裁判決が、大阪医科薬科大事件における賞与や、同事件における退職金と同様に、基本給についても正社員として有為な人材の確保、継続的な雇用の確保などの目的やそのための裁量の余地を認め、正社員の配置に関する事情を考慮し、不合理としなかった判断に誤りがないと判断したからであると思われます。

　そのため、退職金については、同事件・最高裁判決は、原審である東京高裁判決が同様の事情を考慮しながらも、割合的にではありますが、結果として不合理とした点に判断の誤りがあったと考えたものと思われます。

（2）資格手当

> **Q**：資格給について、メトロコマース事件・東京高裁判決はどのように判断しましたか。
>
> **A**：契約社員の業務の内容が売店業務に限られ、契約社員に資格を設けること自体が困難との理由から、不合理とは判断しませんでした。

裁判例：資格に応じて支給される手当について不合理としなかったもの

　メトロコマース事件・東京高裁判決は、職務ごとに資格（例えば「S-1級」は「スタッフ1級」等）を対象として支給される資格手当について「正社員の職務グループ（マネージャー職、リーダー職及びスタッフ職）における各資格（M、L-1～L-3、S-1～S-3）に応じて支給されるものであるところ、契約社員Bはその従事する業務の内容に照らして正社員と同様の資格を設けることは困難であると認められるから、これに相当する手当が支給されなくともやむを得ないというべきである。」として、不合理と判断しませんでした。

　なお、同事件では、正社員の基本給が、職務給と年齢給で構成され、資格に応じて職務給が定まるものとなっていました。そのため、資格給が、基本給と同列ないし一体のものとして捉えられた上で、不合理といえるどうかが判断されています。

（3）住宅手当

Ｑ：住宅手当について、メトロコマース事件・東京高裁判決はどのように判断しましたか。

Ａ：不合理と判断しました。

裁判例：住宅手当について不合理としたもの

　メトロコマース事件・東京高裁判決は、売店業務に従事している正社員が扶養家族の有無によって異なる額の住宅手当を支給されるのに対し、契約社員が扶養家族の有無にかかわらず、住宅手当を支給されないことについて、その趣旨について「この住宅手当は、従業員が実際に住宅費を負担しているか否かを問わずに支給されることからすれば、職務内容等を離れて従業員に対する福利厚生及び生活保障の趣旨で支給されるものであり、その手当の名称や扶養家族の有無によって異なる額が支給されることに照らせば、主として従業員の住宅費を中心とした生活費を補助する趣旨で支給されるものと解するのが相当である」としました。

　その上で、「生活費補助の必要性は職務の内容等によって差異が生ずるものではないし、第１審被告（注：使用者）においては、正社員であっても転居を必然的に伴う配置転換は想定されていない……というのであるから、勤務場所の変更によっても転居を伴うことが想定されていない契約社員Ｂと比較して正社員の住宅費が多額になり得るといった事情もない。」として不合理と判断しました。

　なお、使用者が「人事施策として、正社員採用の条件として住宅手当が支給されることを提示することによって採用募集への訴求を図り、有為な人材を確保し、採用後に現に支給することによって有為な人材の定着を図る趣旨である」との主張については、そのような意図があるとしても同手当の趣旨は上記のように解されることから相違が正当化される

ものではないと述べています。

【補足説明】

　ハマキョウレックス事件・最高裁判決が、変更の範囲として転勤の有無により住宅に要する費用が異なることから、住宅手当の支給を不合理と判断したことから、メトロコマース事件・東京高裁判決は、住宅費用が異ならないのであれば、不支給とすることが不合理だと判断したものと思われます。

【筆者の見解】

　ところで、日本郵便（大阪）事件・最高裁判決が、扶養手当について継続的な雇用を確保するという目的を使用者の経営判断として尊重し得るとして肯定し、相応に継続的な勤務が見込まれる場合にはその趣旨が妥当するとしています。

　そうすると、住宅手当を支給することが有為な人材の確保に効果があるかどうかは別にして、転勤等に伴い住宅手当を支給する理由がない場合であっても、継続的な雇用を確保する目的で支給すると認定したとしても、そのことについて最高裁は否定するものではないように思われます。

　そのため、メトロコマース事件・東京高裁判決が、このような点を踏まえた判断をしてはいませんが、同事件の原告である契約社員が契約を更新し相応に継続的に勤務した事実を踏まえれば、当該相違について結果として不合理と判断した以上、あえて最高裁として判断すべき重要なものではないと考えたのかもしれません。

（4）賞　与

> Q：賞与について、メトロコマース事件・東京高裁判決はどのように判断しましたか。
>
> A：使用者の経営判断を尊重するとともに、定額ではありましたが、契約社員にも賞与自体が支給されていたことから、不合理とは判断しませんでした。

裁判例：一定額の賞与の支給を受けていた場合に不合理としなかったもの

　メトロコマース事件・東京高裁判決おいては、売店業務に従事している正社員は、毎年夏季と冬季に、基本給2月分の額及び一定額が加算された金額の賞与が支給されることになっていたのに対し、契約社員は、毎年夏季と冬季に各12万円の賞与が支給されていました。

　同事件・東京高裁判決は、「一般に、賞与は、月例賃金とは別に支給される一時金であり、対象期間中の労務の対価の後払い、功労報償、生活補償、従業員の意欲向上など様々な趣旨を含み得るものであり、いかなる趣旨で賞与を支給するかは使用者の経営及び人事施策上の裁量判断によるところ、このような賞与の性格を踏まえ、長期雇用を前提とする正社員に対し賞与の支給を手厚くすることにより有為な人材の獲得・定着を図るという第1審被告（注：使用者）の主張する人事施策上の目的にも一定の合理性が認められることは否定することができない。」としています。

　また、正社員の賞与が個人の業績を反映するものではないことを踏まえ「従業員の年間賃金のうち賞与として支払う部分を設けるか、いかなる割合を賞与とするかは使用者にその経営判断に基づく一定の裁量が認められるものというべきところ、契約社員Bは、1年ごとに契約が更新

される有期契約労働者であり、時間給を原則としていることからすれば、年間賃金のうちの賞与部分に大幅な労務の対価の後払いを予定すべきであるということはできないし、賞与は第1審被告（注：使用者）の業績等を踏まえて労使の団体交渉により支給内容が決定されるものであり、支給可能な賃金総額の配分という制約もあること……、第1審被告においては、近年は多数の一般売店がコンビニ型売店に転換され……、経費の削減が求められていることがうかがわれること、第1審原告らが比較対象とする正社員については、前記の経緯（注：組織再編等による正社員の配置の事情）から他の正社員と同一に遇されていることにも理由があることも考慮すれば、契約社員Bに対する賞与の支給額が正社員に対する上記平均支給実績と比較して相当低額に抑えられていることは否定することができないものの、その相違が直ちに不合理であると評価することはできない。」としました。

（5）褒　賞

> Q：褒賞について、メトロコマース事件・東京高裁判決はどのように判断しましたか。
> A：不合理と判断しました。

裁判例：規程の形骸化を理由に不合理としたもの

　メトロコマース事件・東京高裁判決は、売店業務に従事している正社員に対し、①勤続10年に表彰状と3万円が、②定年退職時に感謝状と記念品（5万円相当）がそれぞれ贈られるのに対し、契約社員は、これらは一切支給されないことについて「褒賞取扱要領……によれば、褒賞は、『業務上特に顕著な功績があった社員に対して褒賞を行う』と定められていることが認められるが、実際には勤続10年に達した正社員には一律

に表彰状と3万円が贈られており……、上記要件は形骸化しているということができる。」としました。

そのため、褒賞が「業務の内容にかかわらず一定期間勤続した従業員に対する褒賞ということになり、その限りでは正社員と契約社員Bとで変わりはない。そして、契約社員Bについても、その有期労働契約は原則として更新され、定年が65歳と定められており、長期間勤続することが少なくないこと」から不合理と判断しました。

【補足説明】

同事件の使用者は、同事件・東京地裁判決からすれば「褒賞は、勤続年数に応じて会社が特別な功労として支給するものであるが、後払い的な性格を含め労働の対価の要素は皆無であり、労働契約法の範囲に含まれる性格のものとはいえない上、期間の定めのない従業員である正社員を念頭に置いた制度であることは明らかである。」と主張していますが、従業員という立場での勤続年数に着目して給付を受ける以上、大阪医科薬科大学事件の医療費補助（労働条件とされなかったもの）とは性格が異なると思われます。

また、何よりも、契約社員も65歳まで勤務することが予定されていたことと、褒章規程の運用が形骸化していたことが不合理となった1番の要因だと思われます。

（6）早出残業手当

> Ｑ：早出残業手当の割増率の相違について、メトロコマース事件・東京高裁判決はどのように判断しましたか。
>
> Ａ：ガイドラインにも言及し、不合理と判断しました。

裁判例：割増率の相違を不合理としたもの

　メトロコマース事件・東京高裁判決は、売店業務に従事している正社員（無期雇用労働者）が、所定労働時間を超えて労働した場合、初めの2時間については割増率が2割7分であり、これを超える時間については割増率が3割5分であるのに対し、契約社員（有期雇用労働者）については、1日8時間を超えて労働した場合、割増率が労働時間の長短にかかわらず一律2割5分であることについて、「労働基準法37条1項本文は、使用者が1日8時間を超えて労働させた場合、通常の労働時間又は労働日の賃金の計算額に一定の割増率を乗じた割増賃金を支払わなければならない旨を定めているところ、その趣旨は、時間外労働が通常の労働時間又は労働日に付加された特別の労働であるから、それに対しては使用者に一定額の補償をさせるのが相当であるとともに、その経済的負担を課すことによって時間外労働を抑制しようとする点にあると解される。」としました。

　その上で、法令の要件を満たしていることからその限りで同項の趣旨に反するものではないとしながら、ガイドライン（平成30年厚生労働省告示第430号「短期間・有期雇用労働者及び派遣労働者に対する不合理な待遇の禁止等に関する指針」）が割増率は同率にすべきとしていることから「時間外労働の抑制という観点から有期契約労働者と無期契約労働者とで割増率に相違を設けるべき理由はなく、そのことは使用者が法定の割増率を上回る割増率による割増賃金を支払う場合にも同様というべきである」として不合理と判断しました。

　なお、労使交渉によって正社員の割増率が決められたという経緯を認めるに足りないなど、そうするだけの積極的な理由がないことも述べています。

4 日本郵便事件

> **Q**：時給制の契約社員が、月給制の正社員と異なり、勤務日数により基本給が減少することを不合理と主張したことについて、日本郵便（佐賀）事件・福岡高裁判決はどのように判断しましたか。
>
> **A**：給与体系の相違に起因する相違であるという理由で、不合理とは認めませんでした。

（1）基本賃金・通勤費（佐賀）

裁判例：時給と月給の相違を理由に不合理とは判断しなかったもの

　日本郵便（佐賀）事件・福岡高裁判決は「1審原告（注：労働者）は、1審原告が正社員とほぼ同様のシフト（勤務日数）で勤務していることを前提に、1か月当たりの勤務日数が、正社員の平均的な勤務日数より少なくなる月について、正社員と異なり減少した日数分の基本賃金及び通勤手当を得られないことが差別的取扱いであるとの主張をしている。」「しかしながら、上記の相違は、そもそも、1審原告の給与体系が時給制であり、正社員の給与体系が月給制であることに起因する相違である。そして、……時給制契約社員は、特定の勤務曜日あるいは特定の勤務時間帯に限定して採用される者があるように、その業務に従事する勤務体制が、当然に正社員と同様の勤務日数をフルタイムで勤務することを前提としたものとはなっていない。このことは、有期雇用契約である月給制契約社員が存在していることからも明らかであるといえる。すなわち、

業務内容のうち、勤務体制という点については、時給制契約社員と正社員とでは明らかに異なっており、それを前提として給与体系に時給制か月給制かの相違が設けられていると認められる。そうすると、かかる相違に起因する基本賃金・通勤費の相違が不合理であると認めることはできない。」として、不合理とは認めませんでした。

【補足説明】

　日本郵便（佐賀）事件・福岡高裁判決の原審である佐賀地裁判決をみる限りでは、勤務日数が少ない場合の基本給の減少額は、1か月あたり9200円としています（日給9200円で出勤日が1日少ないことを前提としているようです）が、これが、正社員と比較して、どの程度の割合にあたるのか明らかではありません。

　メトロコマース事件と大阪医科薬科大学事件における基本給月額の相違が2割から2.7割程度で不合理と判断されていません。このことからすれば、福岡高裁判決は、給与体系の相違によることを理由として不合理でないと判断していますが、勤務日数を月21日ないし22日と仮定し、金額の相違（格差）を問題としても、不合理とするのは難しいと思われます。

（2）夏期年末手当（賞与）（東京・大阪・佐賀）

> **Q**：夏期年末手当（賞与）について、日本郵便事件の各高裁判決はどのように判断しましたか。
>
> **A**：優秀な人材の獲得や定着を図ることは人事上の施策として一定の合理性があるなどとし、また、契約社員に対しても、同時期に臨時手当の支給があることも踏まえ、その相違について不合理とは判断しませんでした。

　日本郵便（佐賀）事件・福岡高裁判決は、正社員に対して夏期・年末手当と、同時期に契約社員に支給される臨時手当の相違について「正社員の夏期、年末手当が、会社への貢献度に応じて支給される性質のものであることは、正社員の夏期手当において級に応じた加算があること、年末手当において評価に応じた加減がされることから明らかである。もっとも、夏期、年末手当は、いずれもその算定の基礎を基本給に置いているところ、正社員の基本給は職種、職群及び級によって定まる基本給表によるとはいえ、年1回の4号俸上位への昇給が予定されていること、郵便物等の運送等に従事する職務と郵便窓口業務従事者との間で基本給表が同一であることを踏まえると、年齢給や功労報償としての性質が強いものであるということができ、夏期、年末手当もその性質を包含するものと考えられる。」としています。

　そして「他方、時給制契約社員の臨時手当は、基本賃金を基礎としているところ、基本賃金は基本給と加算給から成り、加算給にはスキル評価の結果に基づき加算される資格給及び基礎評価給が含まれているから、会社への貢献度を評価して支給する仕組みが同様に組み込まれているものの年齢給としての性質はない。このように、夏期、年末手当と臨時手当とで算定の基礎となる賃金の性質を異にしていることについては、正社員と時給制契約社員との間で職務の内容並びに職務の内容及び配置の変更の範囲に相違があることや、賞与の功労報償的な性格や将来の労働への意欲向上としての性格、有為な人材の獲得・定着を図る必要性があることなどを考慮すると、不合理な差であるとは認め難く、そもそも算定の基礎となる賃金の考え方が異なっており、単純に支給の対象となる期間における会社への貢献度のみを勘案して正社員の夏期及び年末手当が支給されているわけではないことを踏まえると、一部の係数が相違していることを取り出して、算定方式に不合理な相違があると認め

ることはできない。」としました。

　なお、正社員の一定割合が管理職になっていることから、「正社員は、長期雇用を前提にした上で、様々な職種を経験させ、管理職として指導者的立場に立てる者になるよう育成し、一定割合の者が実際にそうなることを予定して採用されているのであり、ここにいうインセンティブとは、長期雇用を通じてそのように成長していくことへのインセンティブを含むものであり、かかる要素を考慮して正社員と期間雇用社員との間で同趣旨の手当につき異なる算定方法をとることが不合理であるということはできない。」ともしています。

　日本郵便（大阪）事件・大阪高裁判決は、原審である大阪地裁判決を引用して、夏期年末手当の性質が賞与にあたるとした上で「賞与は、一般的に、対象期間の企業の業績等も考慮した上で、月額で支給される基本給を補完するものとして支給されるものであり、支給対象期間の賃金の一部を構成するものとして基本給と密接に関連するものであると認められる。そして、これら賞与の性格等に照らせば、賞与支給の有無及び支給額の決定については、基本給の設定と同様に、労使間の交渉結果等を尊重すべきであるとともに、功労報償的な性質及び将来の労働への意欲向上へ向けたインセンティブとしての意味合いをも有するものであることも否定できないことも併せ考慮すると、使用者の人事政策上の裁量の及ぶ事項であることから、使用者において、広い裁量があると認められる。」としました。

　さらに「①……、正社員と本件契約社員との職務の内容等には相違があり、同相違に伴って、功績の程度や内容、貢献度等にも自ずから違いが存在することは否定できないこと、②長期雇用を前提として、将来的に枢要な職務及び責任を担うことが期待される正社員に対する夏期年末手当の支給を手厚くすることにより、優秀な人材の獲得やその定着を図ることは人事上の施策として一定の合理性があること、③正社員の夏期

年末手当は、年ごとの財政状況や会社の業績等を踏まえて行われる労使交渉の結果によって、その金額の相当部分が決定され……、本件契約社員の臨時手当（夏期賞与及び年末賞与）も、その支給額の算定方法が労使交渉の結果を踏まえて決定されたものであること……をも踏まえると、正社員の夏期年末手当と本件契約社員の臨時手当（夏期賞与及び年末賞与）に関する算定方法等の相違は、不合理であるとは認められない。」としました。

　日本郵便（東京）事件・東京高裁判決は、原審である東京地裁判決を引用して「一般に、労使交渉において、労働組合側が基本給の増額を要求するのに対し、使用者側は、基本給を増額すると、退職金や年金が連動して増額となって財政負担が将来にわたることから、本件の夏期年末手当に相当する賞与等の一時金を増額して労働者の年収額自体は増加させるものの、基本給の増額は拒否し、最終的に一時金の増額で労使が合意することもままみられることは公知の事実である。このように、賞与は、労使交渉において、基本給に代わり、労働者の年収額を直接に変動させる要素として機能している場合があることからすると、基本給と密接に関連する位置付けの賃金であるといえるところ、本件の夏期年末手当も、年ごとの財政状況や会社の業績等を踏まえて行われる労使交渉の結果によって、その金額の相当部分が決定される実情にあることは前判示のとおりであり、その意味で、基本給と密接に関連する賞与の性質を有する手当である。そうすると、被告の正社員である新一般職又は旧一般職と時給制契約社員との間には、職務の内容並びに職務の内容及び配置の変更の範囲に大きな又は一定の相違があることから、基本給と密接に関連する夏期年末手当について相違があることは一定の合理性があること、賞与は、対象期間における労働の対価としての性格だけでなく、功労報償や将来の労働への意欲向上としての意味合いも有するところ、夏期年末手当も同様の意味合いを有することからすると、長期雇用を前

提として、将来的に枢要な職務及び責任を担うことが期待される正社員に対する同手当の支給を手厚くすることにより、優秀な人材の獲得や定着を図ることは人事上の施策として一定の合理性があること、時給制契約社員に対しても労使交渉の結果に基づいた臨時手当が支給されていることなどの事情を総合考慮すれば、正社員の夏期年末手当と時給制契約社員の臨時手当に関する算定方法等の相違は、不合理と認めることはできない。」としました。

（3）住居手当（東京・大阪）

> **Q**：住宅手当について、日本郵便事件の各高裁判決はどのように判断しましたか。
>
> **A**：人事制度の変更に伴い、配置転換を予定していない正社員（新一般職）に対して住居費用の負担として住居手当が支給されていることを理由に、不合理と判断しました。

裁判例：住宅手当について不合理と判断したもの

　日本郵便（大阪）事件・大阪高裁判決は、原審である大阪地裁判決を引用及び補正し、正社員（無期雇用労働者）に対して一定の要件の下で住居手当（住宅手当）が支給されることについて「旧一般職（注：平成26年３月31日以前の人事制度において郵便業務を担当していた正社員）については、転居を伴う可能性がある支社エリア内での配転が予定され、実際に郵便局を異にする転勤が相当数行われているのに対し、本件契約社員については、そもそも勤務する郵便局が固定されており、転居を伴う配転は予定されていない……。」とした上で、「配転が予定されている旧一般職と、配転が予定されていない本件契約社員とを比較して、住宅に係る費用負担が重いことなどを考慮して、住居手当の支給の対象を旧

一般職に限定することには一定の合理性が認められ、長期雇用を前提とした配転のある正社員である旧一般職に対して住宅費の援助をすることで有為な人材の獲得、定着を図ることも人事上の施策として相応の合理性が認められることから、旧一般職と本件契約社員との間の住居手当の支給に関する相違は、不合理と認めることはできない。」としました。

　他方で、平成26年4月1日以降の人事制度における郵便業務を担当する正社員である新一般職との比較において、「被告（注：使用者）における住居手当は、正社員に対し、その業務内容にかかわらず、その賃借ないし所有している住居の状況等に着目して一律に支給されているものであることから、職務内容に関係がない福利厚生ないし生活保障としての性質を有するものであると認められ、このような福利厚生的要素を持つ労働条件については、一般的に使用者においてどのような給付等を行うのかについて広い裁量を有しているという側面があることは否定できない。さらに、被告における住居手当の支給については、被告が主張する長期雇用へのインセンティブという要素や社宅に入居できる者と入居できない者との処遇の公平を図る要素などが存在することも否定できない。」としながら、「①住居手当が支給される趣旨目的は、主として、住宅に係る費用負担の軽減ということにあるが、配転の有無についても、考慮要素となると考えられること、②新一般職は、本件契約社員と同様に、転居を伴う配転が予定されていない……にもかかわらず、住居手当が支給されていること、③住居手当の支給の有無によって、最大で月額2万7000円の差異が生じるところ、本件契約社員には、長期間の雇用が前提とされていないとはいえ、住居に係る費用負担の軽減という観点からは何らの手当等も支給されていないこと、以上の点に鑑みれば、上記のとおり住居手当には有為な人材の獲得、定着を図るといった人事上の施策、あるいは、福利厚生的な要素があること等を考慮したとしても、住居手当の支給についての新一般職と本件契約社員との労働条件の相違は、不合理なものであるといわざるを得ない。」と判断しました。

日本郵便（東京）事件・東京高裁判決は、原審である東京地裁判決が認定した住居手当（住宅手当）の制定までの経緯を引用した上で「上記住居手当は、その名称及び支給要件からして、従業員の住宅に要する費用を補助する趣旨で支給されるものと解される。」としています。

　これに対し、使用者が「住居手当支給の趣旨として、正社員は配置転換等により勤務地が変更される可能性があることを主張するところ、旧人事制度では、第1審被告（注：使用者）の正社員のうちの旧一般職は、転居を伴う可能性のある配置転換等が予定されていたが……、時給制契約社員は転居を伴う配置転換等は予定されていない……から、旧一般職は時給制契約社員と比較して住宅に要する費用が多額となり得る。」と主張したことから、旧一般職との関係では不合理とは認められないとしました。

　しかし、配置転換等の予定がない新一般職との関係では、不合理と認めるとともに、使用者が、住居費の負担を軽減することにより正社員の福利厚生を図り、長期的な勤務に対する動機付けの効果及び有為な人材を正社員に採用しやすくする狙いもあると主張したことについて「長期的な勤務に対する動機付けの効果及び有為な人材を正社員に採用しやすくする狙いがあることをもって、住居手当を時給制契約社員に支給しないことの不合理性は否定できないというべきであり、第1審被告の主張は採用できない。」としました。

【補足説明】

　ハマキョウレックス事件・最高裁判決が、職務の内容及び配置の変更の範囲として転勤の有無により住宅に要する費用が異なることから、住宅手当の支給を不合理と判断したことから、上記事件の各高裁判決は、新一般職について配置転換等がなく住宅費用が異ならないのであれば、支給しないことが不合理だと判断したものと思われます。

【筆者の見解】

　ところで、日本郵便（大阪）事件・最高裁判決が、扶養手当について継続的な雇用を確保するという目的を使用者の経営判断として尊重し得るとして肯定し、相応に継続的な勤務が見込まれる場合にはその趣旨が妥当するとしています。

　そうすると、住宅手当について、使用者の有為な人材を正社員に採用する目的を一定程度認める上記事件の各高裁判決の判断を変更していないことからすれば、職務の内容等と関連性が薄い手当について、そのような目的で支給することを、最高裁は否定するものではないように思われます。

（4）外務業務手当（東京・大阪・佐賀）

> Ⓠ：外務業務手当について、日本郵便事件の各高裁判決はどのように判断しましたか。
>
> Ⓐ：不合理と判断しませんでした。

裁判例：基本給の一部を手当化したものについて不合理としなかったもの

　外務業務手当は、平成26年3月までは、正社員が外務業務に従事した場合に、1日あたり570円から1420円の範囲（外務業務に従事した時間が4時間に満たない場合は、その半額）で支給されていたのに対して、本件契約社員に対しては支給されていませんでした。

　他方で、郵便外務業務に従事する時給制契約社員については、基本賃金のうち基本給の下限額に130円又は80円が加算されるため、郵便外務業務に従事する時給制契約社員の基本賃金は、内務業務に従事する時給制契約社員の基本賃金よりも高額となっていました。

日本郵便（大阪）事件・大阪高裁判決は、契約社員に対して外務業務手当が支払われないことについて、原審である大阪地裁判決を引用及び補正して、当該手当が「郵政民営化後に柔軟な職員配置を可能とすること等を見据えて、内務職と外務職を統合したところ、同統合に伴って内務調整額及び外務調整額についても統合され、従前の内務調整額と同額の郵便業務調整額……に一本化された。その際、従前より高額の外務調整額を支給されていた外務職の処遇低下を防ぐために新設されたのが、外務業務手当である。」として、制定経緯を踏まえた上で、「①外務業務手当は、その制定経緯に照らすと、平成19年４月の正社員の職種統合によって外務職に従事していた被告従業員の賃金額の激変を緩和するために、正社員の基本給の一部を手当化したものであって、同手当の支給は、外務職の従前の給与水準を維持するという目的を有するものであり、正社員と本件契約社員の雇用期間の差異とは無関係なものであって、本件契約社員を含む期間雇用社員は上記の激変緩和措置の対象となる従業員とはいえないこと、②その具体的な支給金額も、労使協議の結果を踏まえた上で、統合前後で賞与や退職金支給額を含めた処遇をおおむね均衡させる観点から算出されたものであること……③郵便外務業務に従事する者のうち、時給制契約社員に対しては外務加算額によって、月給制契約社員に対しては基本月額等によって、いずれも外務業務に従事することが各賃金体系において反映されており、その金額も正社員の外務業務手当と比較して均衡を失するものであるとはいえないこと」を総合考慮して、不合理とは認めませんでした。

　日本郵便（佐賀）事件・福岡高裁判決は「時給制契約社員についても内務業務に従事する者との比較において、外務業務に従事する者については、外務業務に従事していることを理由として給与の加算が行われているのだから、正社員における外務業務手当と同趣旨の手当ないし給与の加算がないとはいえない。」「そして、その額に相違があることについ

ては、両者の賃金体系に相違があること……や、正社員と時給制契約社員との間では職務内容や、職務の内容及び配置の変更の範囲に相違があることなどを考慮すると、不合理な相違があるとまではいえない。」としました。

　日本郵便（東京）事件・東京高裁判決は、原審である東京地裁判決を引用して、「正社員に支給される外務業務手当が時給制契約社員には支給されないという相違があるものの、両者の間には、職務の内容並びに職務の内容及び配置の変更の範囲に大きな又は一定の相違がある上、正社員には長期雇用を前提とした賃金制度を設け、短期雇用を前提とする契約社員にはこれと異なる賃金体系を設けることは、企業の人事上の施策として一定の合理性が認められるところ、外務業務手当は、前記認定に係る制定の経緯から明らかなとおり、職種統合による賃金額の激変を緩和するため正社員の基本給の一部を手当化したものであり、同手当の支給の有無は、正社員と契約社員の賃金体系の違いに由来するものであること、その具体的な金額も、労使協議も踏まえた上で、統合前後で処遇を概ね均衡させる観点で算出されたものであること、郵便外務事務に従事する時給制契約社員については、時給制契約社員の賃金体系において、外務加算額という形で、外務事務に従事することについて別途反映されていることが認められ、これらの諸事情を総合考慮すれば、正社員と時給制契約社員の外務業務手当に関する相違は、不合理であるとは認められない。」としています。

【補足説明】

　ここで問題となった手当が、基本給の一部という点で、人事政策上、使用者の裁量の余地が大きいものと思われます。

　他方で、基本給については、労使交渉により決定されるべき最たるものともいえますので、労使協議を踏まえたという、手続的な相当性も満

たされていることも重要な要素だと思われます。

　さらに、契約社員に対しても、外務業務に伴い時給が加算されていることを踏まえれば、不合理としなかった結論も、当然のことと思われます。

（5）早出勤務等手当（東京・大阪・佐賀）

> Ⓠ：早出勤務等手当について、日本郵便事件の各高裁判決はどのように判断しましたか。
>
> Ⓐ：不合理とは認めませんでした。

裁判例：支給要件に相違のある手当を比較し不合理としなかったもの

　日本郵便（佐賀）事件・福岡高裁判決は、超過勤務手当とは別に支給される早出勤務等手当について、「正社員に支給される早出勤務等手当は、諸手当の中の一つであり、正規の勤務時間として始業時刻が7時以前となる勤務又は終業時刻が21時以降となる勤務に4時間以上従事した時に1回について350円ないし850円の手当を支給されるものである。他方、時給制契約社員の早朝・夜間割増賃金は正規の勤務時間の始業時刻が5時から7時以前となる勤務及び終業時刻が21時から22時以前となる勤務に1時間以上従事したときは、1回について200円ないし500円を支給する制度である。」「当該時間帯に1時間勤務すれば基本賃金と併せて支給が受けられるとされる時給制契約社員と、勤務時間の関係で当該時間帯を含んで4時間以上の勤務に従事しなければ支給を受けられないとされる正社員とでは支給要件が異なる。正社員が4時間勤務して加算される金額という意味では、勤務1回当たりの支給額を時給換算した場合の加算額は、正社員の方が時給制契約社員を下回る場合も出てくること

になる。」「勤務体制も基本給を含めた給与体系も異なる両者について、勤務した際に従事する業務の内容が同一で、勤務1回当たりの支給額が異なるという事実のみをもって、その相違が不合理であるということはできないというべきである。」としました。

日本郵便（大阪）事件・大阪高裁判決も、原審である大阪地裁判決を引用及び補正して「本件契約社員が、始業時刻が午前7時以前又は終業時刻が午後9時以降の勤務に従事した場合、早出勤務等手当は支給されないものの、早朝・夜間帯に勤務するという勤務の困難性への配慮、早朝・夜間帯における雇用確保を目的として、早朝・夜間割増賃金が支給される。」「正社員の早出勤務等手当と本件契約社員の早朝・夜間割増賃金とでは、……同じ時間帯であれば早出勤務等手当の方が高額であるが、早出勤務等手当は、1勤務について上記時間帯を含む4時間以上の勤務をすることが支給条件となっているのに対し、早朝・夜間割増賃金は、上記時間帯を含めて1時間以上勤務すれば支給されるという点で支給条件が異なっている。」「被告においては、別途、同項（注：労基法37条4項）所定の割増賃金が支払われるところ、その割増率は、正社員に対しては100分の25であるのに対し、本件契約社員に対しては100分の30となっており、この点では本件契約社員に有利な労働条件が設定されているということになる。」などの理由から、総合考慮して、不合理とは認めませんでした。

日本郵便（東京）事件・東京高裁判決は、原審である東京地裁判決を引用及び補正して、「時給制契約社員については、正規の勤務時間として始業時刻が午前7時以前となる勤務又は終業時刻が午後9時以後午後10時以前となる勤務に1時間以上従事したときは、勤務1回につき、始業、終業時刻に応じて200円、300円又は500円の早朝・夜間割増賃金が支給されるところ、これは、時間外労働に対する対価でなく、労働基準

法37条の割増賃金とは異なるものである。」「正社員は正規の勤務時間の
うち、当該勤務に4時間以上勤務した場合に早出勤務等手当が支給され
るのに対して、時給制契約社員は指定された勤務時間のうち、当該勤務
に1時間以上勤務した場合に早朝・夜間割増賃金が支給されるのであり、
この支給要件の関係では、時給制契約社員に有利となっている。」など
の理由から不合理とは認めませんでした。

【補足説明】

　各事件の原審の判決も含めて、原告である有期雇用労働者が、早出勤
務等手当と早朝・夜間割増賃金との相違が、どのような理由で不合理で
あると主張したのかが明らかではありません。

　この点、日本郵便（佐賀）事件の佐賀地裁判決をみる限りでは、1回
あたりの支給額に差があるため、その差額を損害と主張しているようで
すが、相違があっただけでは旧労契法20条の規定する不合理な相違にあ
たるものではなく、そう評価できるだけの事実（評価根拠事実）を主張
する必要があります。

　これに対して、使用者からは、これらの支給要件が異なることや1時
間あたりの金額に換算すれば契約社員に支給されるほうが有利となる場
合もあることが主張されており、これらの事実は相違が不合理であると
の評価を妨げる評価障害事実といえます。

（6）祝日給（東京・大阪・佐賀）

> **Q**：祝日給と祝日割増賃金の相違について、日本郵便事件の各高
> 裁判決はどのように判断しましたか。
>
> **A**：不合理でないと判断しました。ただし、年始時期に祝日割増
> 賃金の支給がないことについては、日本郵便（大阪）事件・
> 最高裁判決が不合理と判断していますが、ここで判断された
> ことと相違の内容が異なることに注意が必要です。

裁判例：時給制と月給制の勤務体制の相違から不合理とされな かったもの

　祝日給は、祝日に勤務を命じられた正社員が同日に勤務した時に、時
間単価の135％が支給される手当で、勤務を命じられない正社員はその
分の減給はされないものでした。他方、祝日が勤務日とされた時給制の
契約社員には、祝日に勤務しても100％の基本給が支払われるのに対し
て、勤務日でない祝日に勤務した契約社員については、基本給100％の
他に、祝日割増金の名目で、35％の割増賃金が支払われていました。

　これについて日本郵便（佐賀）事件・福岡高裁判決は「祝日給が支給
されている趣旨は、正社員の勤務体制を前提にした正社員間の処遇の均
衡を図ってきた歴史的な経緯によるものである。そして、時給制契約社
員との間に相違が生じているのは、祝日が本来的には勤務日であること
とされ、それを前提に基本給等が定まっている正社員と、そもそも祝日
は当然に勤務日ではなく、就労した時間数に応じて賃金を支払うことと
されている時給制契約社員の勤務体制の相違によるものであるといえ
る。」として、不合理とは認めませんでした。

日本郵便（東京）事件・東京高裁判決は、原審である東京地裁判決を引用及び補正して「（注：祝日給が）正社員の賃金体系に由来する正社員間の公平のために設けられたものであること、これに対し、時給制契約社員については、元々実際に働いた時間数に応じて賃金を支払う形態が採られており、勤務していない祝日にその対価としての給与が支払われる理由がないこと、祝日に勤務した正社員について、当該祝日に支給された賃金の観点から見ると、勤務日とされている祝日に基本給として支給される100％と祝日給である135％の合計235％の賃金が支給されることになるが、上記基本給は勤務してもしなくても支給されるものであるから、祝日に勤務したことにより追加して支給される賃金の観点から見ると、祝日給である135％であって、時給制契約社員と同じ割合であることなどを踏まえると、正社員と時給制契約社員の祝日給に関する相違は、不合理と認めることはできない。」としました。

　日本郵便（大阪）事件・大阪高裁判決も同様に「祝日に勤務した場合においては、本件比較対象正社員を含む正社員及び月給制契約社員と時給制契約社員との間で、祝日勤務に対する配慮を考慮した割増率は同じ（100分の35）であって、処遇上の相違がないということができるから、本件比較対象正社員の祝日給と本件契約社員の祝日割増賃金の支給額の算定方法に関する相違は、労契法20条にいう不合理と認められるものに当たらない。」としています。

（7）夜間特別勤務手当（東京）

> **Q**：夜間勤務特別手当が支給されないことについて、日本郵便（東京）事件・東京高裁判決はどのように判断しましたか。
>
> **A**：同手当が正社員間の公平を図る趣旨で支給されること及び契約社員の深夜割増の割合が正社員のそれよりも高く設定されていることを理由に不合理とはしませんでした。

裁判例：各手当を比較し契約社員のほうが高い割合だったもの

　日本郵便（東京）事件・東京高裁判決は、正社員が正規の勤務時間として、郵便局において深夜勤務等に従事し、かつ、夜間（午後10時から翌日の午前6時までの間）の全時間にわたって勤務した場合において勤務時間や勤務回数に応じて支給される夜間特別勤務手当について、原審である東京地裁判決を引用及び補正して「深夜労働を含む時間外労働に対しては、夜間特別勤務手当とは別に、労働基準法37条所定の割増賃金……が支給されていることからすると、同手当は、正社員が勤務シフトによって夜間勤務等が必要となる場合に、夜間勤務等が必要のない他の業務に従事する正社員との間の公平を図るために支給されているものと解される。そうすると、正社員については、シフト制勤務により早朝、夜間の勤務をさせているのに対し、時給制契約社員については、募集や採用の段階で勤務時間帯を特定した上で雇用契約を締結し、その特定された時間の勤務を求めているという意味で職務内容等に違いがあり、その違いに基づき、正社員についてのみ社員間の公平を図るために夜間特別勤務手当を支給することは、時給制契約社員には正社員の夜勤手当（100分の25）よりも高い割合（100分の30）の深夜割増賃金が支給されること……も考慮すると、夜間特別勤務手当における正社員と契約社員間の相違は、不合理なものと認めることはできない。」と判断しました。

（8）郵便外務業務精通手当（東京・大阪・佐賀）

> **Q**：郵便外務業務精通手当等が支給されないことについて、日本郵便事件・各高裁判決はどのように判断しましたか。
>
> **A**：同手当の制定経緯を踏まえて、その手当が基本給の一部であったものを手当としたこと、労使協議を踏まえて制定されたこと及び契約社員へは同手当と同様に能力が基本給に反映されていることを理由に不合理とはしませんでした。

裁判例：能力に対応した手当について比較して不合理としなかったもの

　郵便外務業務精通手当は、正社員に対し、新規採用後6か月以降について、使用者の定める評価基準により従業員の外務の職務の精通度合いを段階で評価し、AからCの評価段階に該当すると、それぞれ1か月につき1万6500円ないし5100円を支給するというものでした。

　また、郵便物区分能率向上手当は、正社員に対し、新規採用後6か月以降について、1か月につき13日を上限として、1時間あたりに換算して基準以上の郵便物を結束した場合に、郵便局の区分に応じて1日ごとに180円ないし830円を支給するというものでした。

　他方、時給制契約社員に対しては、作業能率測定時の直近のスキル評価がAランクでかつ基礎評価結果が全てできていると評価された者にはレベル1ないし7のランクに応じて半年に一度の測定月の翌月の給与支給日に作業能率評価手当が支給されていました。

　また、時給制契約社員の基本給は、基本給が基礎基本給と加算給から成るところ、加算給は基礎評価給と資格給から成り、スキル評価の結果によって資格給が加算されており、基本給自体が業務能力を反映させて定められているものでした。

日本郵便（佐賀）事件・福岡高裁判決は、このような業務能力に対応した給与ないし手当について「時給制契約社員に対する作業能率評価手当が、日本郵政公社時代において、評価がＡランクに達した非常勤職員の更なるモチベーションの向上を図るため、インセンティブ付与を目的として平成17年10月に導入されたものであるのに対し、正社員に対する郵便物配達能率向上手当及び郵便外務業務精通手当は、平成16年４月の給与制度改革において、常勤職員の基本給に加算されていた各種の郵便関係調整額を圧縮し、より能力・実績に応じた支給を行うことで常勤職員に対し、能力向上へのインセンティブを付与するために新設された手当であることに由来している。」「そうすると、１審原告（注：労働者）が問題とする正社員の手当（注：郵便外務業務精通手当及び郵便物区分能率向上手当）に相当する支給は、時給制契約社員に対しても名称を異にする手当及び基本給の一部として支給されている。」「そして、外務業務に限った習熟度に対してされる給付について、業務の内容及び配置の変更が予定される正社員については専ら手当として考慮し、当該業務のみに当たることを前提に採用される期間雇用社員についてはその一部を基本給の中に取り込んで考慮する給与体系を設けること自体は、正社員と時給制契約社員との間では職務内容や、職務の内容及び配置の変更の範囲に相違があることなどを考慮すると不合理な相違であるとはいえない。」としています。

　日本郵便（大阪）事件・大阪高裁判決は、原審である大阪地裁判決を引用して「①郵便外務業務精通手当は、正社員の意欲向上を図るため、基本給の調整額等の一部を原資に、より能力及び実績を反映するために担当職務の精通度合いに応じた手当として組み替えたものであり……、新規採用後６か月未満の者等については支給されていないこと……等に照らして、同手当は、郵便外務業務への習熟度及び成果等個々の従業員の職務能力の程度に応じて支給されるものといえること、②郵便外務業

務精通手当は、労使協議も経た上で新設されたものであること……、③
時給制契約社員については、資格給の加算によって郵便外務業務への精
通度合い（職務能力）がそもそも基本賃金に反映されており……、月給
制契約社員についても、そのように評価された時給制契約社員の給与と
比較して高額な基本月額が設定されていること……等に照らすと、本件
契約社員においては職務能力に応じた基本給等の設定がされており、職
務能力に応じた給与の差異が設けられているといえること、以上の事情
が認められ、これらの諸事情を総合考慮すれば、正社員に対して郵便外
務業務精通手当を支給し、本件契約社員に同手当を支給しないという相
違は、不合理なものであるとまで認めることはできない。」としました。

　日本郵便（東京）事件・東京高裁判決は、原審である東京地裁判決を
引用し、「正社員である新一般職又は旧一般職と時給制契約社員の間に
は、職務の内容並びに職務の内容及び配置の変更の範囲に大きな又は一
定の相違がある上、正社員には長期雇用を前提とした賃金制度を設け、
短期雇用を前提とする時給制契約社員にはこれと異なる賃金体系を設け
ることは、企業の人事上の施策として一定の合理性が認められるところ、
郵便外務・内務業務精通手当は、正社員の基本給及び手当の一部を原資
に郵便外務・内務業務精通手当として組み替える方法により、正社員に
対して能力向上に対する動機付けを図ったものであり、同手当の支給の
有無は、正社員と契約社員の賃金体系の違いに由来するものであること、
郵便外務・内務業務精通手当は、労使協議も経た上で新設されたもので
あること、時給制契約社員については、資格給の加算により担当職務へ
の精通度合いを基本給（時給）に反映させていることなどの諸事実を総
合考慮すれば、正社員と時給制契約社員の郵便外務・内務業務精通手当
に関する相違は、不合理なものと認めることはできない。」としました。

【補足説明】

　上記の手当について、正社員と契約社員にそれぞれ支給される異なる名称のものについて比較したもので、その制定された経緯を踏まえ、比較対象とし得ることを考慮すべき事情として、不合理と認められるかを判断しています。

　長澤運輸事件・最高裁判決が、正社員にのみ支給される能率給及び職能給について、それに基本給を加えたものが、その制定過程を踏まえ、嘱託乗務員の基本賃金及び歩合給に対応するものとして比較した方法と同様の考え方といえます。

第5章
不法行為の成立

　本章は、労働条件の相違が、旧労契法20条に違反すると判断された場合に、どのような理由で何を請求することができるのかをみていくものです。

　具体的には、不法行為が成立する場合の要件等についてみていくものですが、場合によっては、労働契約により手当の支払いが認められる場合があることも否定されるものではありません。

　旧労契法20条も短時間・有期雇用労働法8条も、それに違反したことを理由に、その効果として損害賠償義務を負わせるものではない以上、やはり、金銭の給付を求めるためには、民法709条の不法行為について、その要件等を確認しておく必要があります。

1 請求の根拠

（1）不法行為に基づく請求

> **Q**：労働条件の相違が旧労契法20条に違反する場合、例えば、支給されていなかった手当について、同法を理由に支払いを求めることができますか。
>
> **A**：旧労契法20条そのものではなく、民法709条の不法行為が成立すれば、それを理由に、手当相当額の損害の賠償を求めることができます。

【問題の所在】

　労働条件の相違が旧労契法20条に違反したとしても、そのことを理由に、労働者が使用者に対し、何を求めることができるのか問題となります。

裁判例

　ハマキョウレックス事件・大阪高裁判決は「労働契約法20条は、訓示規定ではないから、同条に違反する労働条件の定めは無効というべきであり、同条に違反する労働条件の定めを設けた労働契約を締結した場合には、民法709条の不法行為が成立する場合があり得るものと解される。」「関係する就業規則、労働協約、労働契約等の規定の合理的な解釈の結果、有期労働契約者に対して、無期契約労働者の労働条件を定めた就業規則、労働協約、労働契約等の規定を適用し得る場合はともかく、そうでない

場合には、前記のとおり、不法行為による損害賠償責任が生じ得るにとどまるものと解するほかないというべきである。」と述べ、労働者の使用者に対する損害賠償請求を一部認めています。

　同事件の最高裁判決も、同法違反の成立を認めた上で、損害賠償請求を認めた大阪高裁判決を維持しました。

【補足説明】

　旧労契法20条は「不合理と認められるものであってはならない」と規定しているに過ぎませんので、この場合に、労働者が使用者に対し、何を求めることができるのか、法律上、明らかではありません。

　また、何らかの法律に違反したからといって、それだけを理由に、損害賠償を求めることはできません。例えば、労契法16条に違反する解雇がされたとしても、当該解雇が無効とされることはあっても、それだけを理由に、慰謝料等の損害賠償義務が認められるものではありません。別途、民法709条の不法行為が成立する必要があります。

　このことと同じように、旧労契法20条により、不合理な相違のある労働条件が無効とされたとしても、さらに進んで、不法行為の成立が認められなければ損害賠償義務が認められることにはなりませんが、少なくとも、各裁判例は、同法違反による不法行為の成立を否定するものではないと理解されます。

（2）労働契約に基づく請求

> **Q**：労働条件の相違が旧労契法20条に違反する場合、例えば、支給されていなかった手当について、正社員と同一の労働条件にあることを理由に、支払いを求めることができますか。
>
> **A**：有期雇用労働者に適用される就業規則が無効とされ、無期雇用労働者の就業規則が適用されることとなれば、支払いを求めることができる場合があります。

【問題の所在】

　労働条件の相違が旧労契法20条に違反した場合、労働条件の相違を設ける部分は無効となりますが、それだけで有期雇用労働者の労働条件が比較の対象である無期雇用労働者のそれと同一のものとなるものではありません。

　そうすると、不法行為が成立して損害賠償義務が認められる以外に、労働者は使用者に対して何も求めることができないのでしょうか。

裁判例

　ハマキョウレックス事件・最高裁判決は、同法に違反することにより有期雇用労働者に適用される就業規則の一部が無効となる場合のその労働条件について「上告人（注：使用者）においては、正社員に適用される就業規則である本件正社員就業規則及び本件正社員給与規程と、契約社員に適用される就業規則である本件契約社員就業規則とが、別個独立のものとして作成されていること等にも鑑みれば、両者の労働条件の相違が同条に違反する場合に、本件正社員就業規則又は本件正社員給与規程の定めが契約社員である被上告人に適用されることとなると解することは、就業規則の合理的な解釈としても困難である。」と述べています。

長澤運輸事件・最高裁判決も「被上告人（注：使用者）は、嘱託乗務員について、従業員規則とは別に嘱託社員規則を定め、嘱託乗務員の賃金に関する労働条件を、従業員規則に基づく賃金規定等ではなく、嘱託社員規則に基づく嘱託社員労働契約によって定めることとしている。そして、嘱託社員労働契約の内容となる本件再雇用者採用条件は、精勤手当について何ら定めておらず、嘱託乗務員に対する精勤手当の支給を予定していない。このような就業規則等の定めにも鑑みれば、嘱託乗務員である上告人（注：労働者）らが精勤手当の支給を受けることのできる労働契約上の地位にあるものと解することは、就業規則の合理的な解釈としても困難である。」と述べています。

【補足説明】

　旧労契法20条に関する各裁判例は、それぞれの事案で適用される就業規則の規定を前提にこのような判断をしていますが、反対にいえば、無期雇用労働者に適用される就業規則を一般則として、有期雇用労働者に適用される就業規則がその特則として作成されたような場合であれば、異なる結論もあり得ると考えられます。

2 不法行為の各要件等

(1) 過 失

> **Q**：旧労契法20条に違反すれば、必ず、不法行為が成立し損害賠償義務が認められることとなりますか。
>
> **A**：不法行為が成立するには、同法に違反するだけでなく、そのことに過失があったことまで認められる必要があります。

【問題の所在】

　裁判所が、労働条件の相違について、旧労契法20条に違反した不合理なものと判断した場合、例えば、そのことについて労使で合意していた場合には、過失の有無が問題とならないでしょうか。

裁判例

　長澤運輸事件・最高裁判決は「被上告人（注：使用者）が、本件組合との団体交渉において、嘱託乗務員の労働条件の改善を求められていたという経緯に鑑みても、被上告人が、嘱託乗務員に精勤手当を支給しないという違法な取扱いをしたことについては、過失があったというべきである。」として、不法行為の成立を認めました。

　旧労契法20条に関する各最高裁判決は、過失について、上記長澤運輸事件ではこのように述べていますが、それ以外の事件では、どのような場合に過失があったと認められるかという点については全く判断してい

ません。

　過失について言及した高裁判決は、次のように述べて、いずれも過失を認めています。

　メトロコマース事件・東京高裁判決は「第1審原告（注：労働者）らの主張する正社員と契約社員Bとの労働条件の相違のうち、住宅手当、退職金、褒賞及び早出残業手当に関する相違については、労働契約法20条に違反するものであり、第1審被告（注：使用者）が本件組合との団体交渉において契約社員Bの労働条件の改善を求められていたという経緯……に鑑みても、第1審被告が上記のような違法な取扱いをしたことについては過失があったというべきである。」と述べ、不法行為の成立を認めました。

　日本郵便（東京）事件・東京高裁判決は「そもそも、不法行為の成否について法的評価は行為者が自らの責任で行うべきところ、……労契法20条の公布から7か月以上の期間があり（労契法改正の前後から労契法20条について各種報道がされ、周知もされてきたことは公知の事実である。）、同条の施行前にユニオンから時給制契約社員等について、夏期年末手当、早出勤務等手当、住居手当及び年末年始勤務手当等について処遇改善を求められ、同条の施行後まもなく病気休暇、夏期冬期休暇、住居手当、早出等勤務手当、祝日出勤手当、夏期年末手当及び年末年始勤務手当の処遇改善を求められていた経緯に照らせば、年末年始の期間において労働に従事したこと自体に対する対価として支給される年末年始勤務手当及び従業員の住宅に要する費用を補助する趣旨で支給される住居手当を時給制契約社員にいずれも支給しないこと並びに一般的に広く採用されている制度を第1審被告においても採用した夏期冬期休暇を時給制契約社員に付与しないこと及び労働者の健康保持のため、私傷病により勤務できなくなった場合に、療養に専念させるための制度である病

気休暇を正社員には有給としているのに時給制契約社員には無給として
いることが、いずれも不合理と評価することができるものであることは、
第1審被告において、その評価の基礎となる事実関係を認識していたこ
とは明らかであるから、これを認識することができたというべきであ
る。」として過失があったと認めました。

大阪医科薬科大学事件・大阪高裁判決は「確かに、労契法20条が施行
された当初は、必ずしも解釈が定まっていなかった部分もあるものの、
他方で、本件で不合理とされたような労働条件の相違が労契法20条違反
ではないと明言している判例があったり、そのような学説が通説的で
あったわけではない。その中であえて被控訴人（注：使用者）が本件で
不合理とされたような労働条件の相違が労契法20条に違反しないと判断
したことには過失があったというべきである。被控訴人は、労契法20条
が施行されるに際して、被控訴人における人事制度が同条に抵触しない
か否か検討を行った上で、無期契約労働者の労働条件と有期契約労働者
の労働条件の間に、期間の定めの有無による不合理な相違と評される点
はないと判断したところ、その判断は合理的な根拠に基づいているもの
であるから、被控訴人に故意又は過失が認められないと主張する。しか
し、本件で不合理と判断された労働条件の相違については、被控訴人は
合理的根拠を示すには至らなかったのであるから、被控訴人の主張は採
用することができない。」と述べています。

【補足説明】

不法行為は、①加害行為、②過失、③損害が認められることにより成
立します（厳密には因果関係等も必要ですが、ここでは省略します）。
旧労契法20条に関する各裁判例では、同法に違反する相違のある労働
条件を設定したことが①加害行為にあたり、それにより生じた③損害の
賠償義務という責任を負わせることができるかどうかという意味で、使

用者に②過失が認められるかどうかが問題となります。

　これらの裁判例では、労働組合との交渉を経て訴訟に至っているため、使用者は、旧労契法20条に違反することを十分に認識することができたにもかかわらず、その是正をしていない以上、賠償義務を負わせるだけの帰責性があると認められたものといえます。

　この点、どのような場合であれば過失が認められないといえるかは明らかではありませんが、2018年5月23日衆議院厚生労働委員会において、当時の加藤厚生労働大臣が、短時間・有期雇用労働法14条2項に関連する答弁として「この点は労働政策審議会の建議においても書かれておりますが、この待遇差について十分な説明をしなかったと認められる場合にはその事実、そして、していなかったという事実もその他の事情に含まれ、不合理性を基礎づける事情としてこの司法判断において考慮されるものと考えているところであります。」と述べています。

　また、長澤運輸事件・最高裁判決が、労使協定の締結には至っていないものの、使用者が、労働条件を決定するにあたって、団体交渉を経た上で老齢厚生年金の支給及びその時期等を考慮した事情も踏まえて、旧労契法20条違反を検討しています。

　これらのことからすれば、短時間・有期雇用労働法14条2項に基づき行われた説明は「その他の事情」として旧労契法20条違反が検討される際に考慮されることになるといえます。

　しかし、法律構成としては、相違が存在した時点（ないし同法が施行された後）から同条違反が成立するとしながらも、訴訟手続等により裁判所等が同法違反と認めるまでは使用者に過失が認められず、その時点までは不法行為が成立しないと判断することも可能であると思われます。

（2）損　害

> **Q**：有期雇用労働者について、夏期・冬期休暇がないことが労働条件の不合理な相違にあたるとしても、手当が支給されていない場合と異なり、損害がなく不法行為が成立しないことにならないでしょうか。
>
> **A**：最高裁は、休暇があれば、それにより勤務しなくとも賃金を得られたといえることを理由に、損害が生じたと認めました。

【問題の所在】

　有給の夏期・冬期休暇が付与されない場合において、労働者が、あえて旧労契法20条違反を主張して、休暇を取得し、その分の賃金相当額の支払いを請求することは考え難いところです。

　そのため、労働者が、休暇を取得（欠勤）せずに勤務し、その分の賃金の支払いを受けた場合に損害があったといえるのでしょうか。

裁判例

　日本郵便（東京）事件・最高裁判決は、この点について上告理由として受理し「第1審被告（注：使用者）における夏期冬期休暇は、有給休暇として所定の期間内に所定の日数を取得することができるものであるところ、郵便の業務を担当する時給制契約社員である第1審原告（注：労働者）らは、夏期冬期休暇を与えられなかったことにより、当該所定の日数につき、本来する必要のなかった勤務をせざるを得なかったものといえるから、上記勤務をしたことによる財産的損害を受けたものということができる。当該時給制契約社員が無給の休暇を取得したか否かなどは、上記損害の有無の判断を左右するものではない。」と述べて、損害の発生を認めなかった同事件の東京高裁判決の判断を覆しました。

日本郵便（佐賀）事件・最高裁判決も「上告人（注：使用者）における夏期冬期休暇は、有給休暇として所定の期間内に所定の日数を取得することができるものであるところ、郵便の業務を担当する時給制契約社員である被上告人（注：労働者）は、夏期冬期休暇を与えられなかったことにより、当該所定の日数につき、本来する必要のなかった勤務をせざるを得なかったものといえるから、上記勤務をしたことによる財産的損害を受けたものということができる。」と述べて、損害が生じたものと認めました。

　同様に、日本郵便（大阪）事件・最高裁判決も同様に「夏期冬期休暇を与えられなかったことにより、当該所定の日数につき、本来する必要のなかった勤務をせざるを得なかったものといえるから、上記勤務をしたことによる財産的損害を受けたものということができる。」と述べています。

【補足説明】

　各日本郵便事件では、高裁判決は、いずれも、夏期冬期休暇について労働条件の不合理な相違として認めましたが、東京高裁は、損害が生じたとは認めませんでした。

　そのため、最高裁は、これらについて、統一的な判断を示す必要があると判断し、この点について、各事件で上告理由として受理したものです。

　今後、休暇がないことが、旧労契法20条ないし短時間・有期雇用労働法8条に違反すると判断された場合においては、日本郵便事件と同様に、休暇を取得していなくとも、その分の損害が生じたと判断されることとなります。

（3）慰謝料

> **Q**：労働条件に不合理な相違がある場合、損害賠償として、慰謝料の支払いを求めることはできますか。
>
> **A**：特別な事情がない限り難しいです。

【問題の所在】

　旧労契法20条に違反する労働条件（何らかの手当の不支給）があった場合、その手当相当額を損害として賠償を求めることに加えて、損害賠償として、慰謝料の支払いまで求めることはできるのでしょうか。

裁判例

　この点について各事件の最高裁判決は何も言及していませんが、各高裁判決は否定しています。

　メトロコマース事件・東京高裁判決は「第1審原告X1（注：労働者）が労働契約法20条違反によって上記のとおりの経済的損害を被ったことが認められるが、いずれも賠償義務が履行されることによって回復されるものであり、それによって上記不法行為による精神的苦痛も慰謝されるものというべきであって、本件においてこれを超えて第1審原告X1に金銭の支払を要する精神的損害があったとまでは認められない。」と述べています。

　大阪医科薬科大学事件・大阪高裁判決は「労契法20条に違反する労働条件の適用によって被った損害は、上記の損害賠償金によって回復されることとなるので、控訴人（注：労働者）は相当程度に慰謝されると解される。本件では、それでもなお慰謝されない精神的苦痛が残存すると

は認めるに足りない。」と述べています。

　日本郵便（東京）事件・東京高裁判決は「第1審原告ら（注：労働者）は、病気休暇が無給であるがゆえに、病気にかかった場合にも生活のことを考えて休むことを躊躇し、無理をしてでも出勤せざるを得ない状況であり、病気になった場合に備え、年次有給休暇を使わずに確保しておかねばならないなど、多大な苦痛を強いられてきたところ、労契法20条に違反する病気休暇の相違により、第1審原告らが被った精神的苦痛は、少なくとも各30万円は下らないと主張する。」「しかし、第1審原告らが、病気にかかったが、無理をして出勤をした事実又は病気になった場合に備え、年次有給休暇を使わずに確保していた事実を認めるに足りる証拠はない。第1審原告らに病気休暇の相違による精神的苦痛の損害が発生したとは認められない。」と述べています。

【補足説明】

　損害賠償における損害は、財産的損害に限られず、精神的損害をてん補するなどの目的で、損害賠償として、慰謝料の支払いが命じられる場合があります。

　しかし、財産的損害そのものが賠償金によりてん補される場合には、それとは別に、「財産的損害が生じたこと」を理由に慰謝料の支払いが命じられることは、原則としてありません。

　例えば、解雇が無効と判断された場合に、係争期間中の未払いとなっている賃金とは別に慰謝料の支払いが命じられることは原則としてありません。未払いとなっている賃金の支払いがされれば、特別な事情がない限り、その未払いによって生じた精神的苦痛も慰謝されることが通常であると考えられるからです。

　旧労契法20条に関する各裁判例は、表現の違いはあるとしても、この

ような理由から、慰謝料の支払いを認めなかったものと理解されます。もちろん、この場合に慰謝料の支払いが絶対的に認められないことを意味するものではありませんので、例えば、故意に不合理な労働条件の相違を設けたといえる特別な事情が存在するときには、慰謝料の支払いを命じられることがあると思われます。

第6章
その他の裁判例

　本章は、これまで取り上げた最高裁判決が示された事件以外のもので、ハマキョウレックス事件・最高裁判決の出された平成30年6月1日より後に出された次の5つの高裁判決及び基本給等について判断した令和2年10月28日名古屋地裁判決（名古屋自動車学校事件）について、それぞれの判断の特徴的な点をみていくものです。

1 九水運輸商事事件

（1）事案の概要

> **Q**：九水運輸商事事件の事案の概要はどのようなものですか。
>
> **A**：パート社員（有期雇用労働者）の通勤手当が正社員（無期雇用労働者）の半分しか支給されなかったことが旧労契法20条に違反しないか争われた事件です。

【事案の概要】

　九水運輸商事事件・福岡高裁判決は、一般貨物自動車運送事業等を目的とする株式会社であり、北九州市中央卸売市場内で主に海産物の荷役業務を取り扱っている使用者において、パート社員が、その通勤手当が正社員の半額とされていることが、旧労契法20条に違反すると主張して損害賠償等を請求した事件です。

【就業規則の規定】

　同事件では、パート社員に適用される就業規則中「諸手当」として次の手当が支給される旨規定されていました。

- ・皆勤手当　　5000円
- ・通勤手当　　5000円（欠勤2日以内のみ）

　他方、正社員に適用される就業規則には「社員に対する通勤手当は月

額1万円とする。ただし、1か月に出勤日の半分を超える欠勤があった場合、出勤日数×1000円もしくは1万円のうち少ない方を支給する。」との規定がありました。

【事件の特徴】

同事件の特徴の1つとして、通勤手当を支給する根拠が上記のような規定であったことから、使用者は、これについて皆勤手当の一種であると主張して、それに伴い、パート社員と正社員のそれぞれが欠勤した場合の影響の相違について着目した判断がされるべきだと主張したことが挙げられます。

また、使用者は、平成26年10月、正社員に適用される就業規則を改定して正社員に対して支給する通勤手当を5000円に減額する一方で、職能給が1万円増額されたことから、それ以降に旧労契法20条違反が認められるかということが問題となりました。

（2）通勤手当

> Q：九水運輸商事事件では、通勤手当についてどのように判断されましたか。
>
> A：月3回以上欠勤すると不支給になるとしても、非課税としての取扱いを受けるなどしていることから、通勤手当ではないとはいえないとした上で、旧労契法20条に違反すると判断しました。

裁判例：交通費を補填する趣旨と判断したもの

ア．趣旨・目的・性質

九水運輸商事事件・福岡高裁判決は、使用者が通勤手当について皆

勤手当の一種であると主張したことについて「1審原告（注：労働者）らの雇入通知書には、皆勤手当とは別に通勤手当が記載されていた上、1審被告（注：使用者）のパート社員が通勤に最も多く利用する交通手段は自家用車であったから、本件改定（注：平成26年10月の就業規則の改定）前に1審原告らに支給されていた通勤手当は、通勤に要する交通費を補填する趣旨で支給されていたものというべきである」としています。

また、使用者の主張の論拠については「通勤に係る交通手段にかかわらず一律に支給することで、事務手続の手間を省力化することができることに照らすと、この一律支給の事実は上記判断を左右するものではない。また、皆勤手当とは別に通勤手当が記載されていて、1審被告も、支給した金額を通勤手当として申告することで非課税という扱いを受けてきたことからすれば、同通勤手当が月3回以上欠勤すると不支給になるものであるとしても、そのことから、その性質が通勤手当ではないということはできず、1審被告が通勤に要する交通費を補填する意図を有していなかったと認めることもできない。」としました。

イ．考慮した（しなかった）事情

使用者が、職務の内容等に相違があると主張したことについて「正社員とパート社員の業務は、いずれも……中央卸売市場での作業を中核とするものであり、1審被告が主張する上記相違は、いずれも通勤に要する費用の多寡と直接関連するものではない。」としました。

また、使用者が、皆勤手当の一種であると主張するとともに、正社員の出勤率向上の重要性を主張したことについて「本件改訂前に1審原告らに支給されていた通勤手当は、既に述べたとおり、通勤に要する交通費を補填する趣旨で支給されていたものであると認められる上、旧給与規程（注：平成26年10月に改訂される前の規程）により正

社員に支給されていた通勤手当は、1か月に出勤日の半分を超える欠勤があった場合に1万円よりも少ない金額が支給される可能性があるものであるにすぎない一方、パート社員である1審原告らの通勤手当は、欠勤2日以内の場合にのみ支給されるものであって、通勤手当の金額の多寡と出勤率の向上との関連は薄いといわざるを得ないから、出勤率の向上に係る1審被告の上記主張を採用することはできない。」とし、不合理と判断しました。

【補足説明】

この事件では、原審である福岡地裁判決において、使用者代表者の尋問が行われ、その中で、通勤手当を設けた理由について、少しでも手当が多いほうが求人に有利であるということを述べたことが認められています。

また、通勤手当の金額を定めるにあたり、正社員の通勤経路などを調査した上でこれが定められたわけでもなく、パート社員のほうが、正社員に比べて通勤時間や通勤経路が短いといった事情も認められないとされています。

（3）正社員の通勤手当の減額改訂

> Q：九水運輸商事事件では、使用者が正社員の通勤手当を減額し、パート社員と同額にしたことについて、どのように判断されましたか。
>
> A：同条違反が継続しているとは認められないと判断しました。

　九水運輸商事事件・福岡高裁判決は、使用者が平成26年10月に正社員の通勤手当を月額1万円から5000円に減額する一方で、職能給を1万円増額しました。このことについて、労働者が「本件改定（注：の就業規則の改定）により正社員の通勤手当が5000円減額されると同時に職能給が1万円増額されており、この増額のうち5000円は上記減額の対価であるから、本件改定後も、正社員には通勤手当1万円の支給が存続しているとして、労働契約法20条違反の状態は継続している」と主張しましたが、同事件・福岡高裁判決は「新賃金規程9条2項は、職能給は社員の職務能力に応じ個別に決定する旨を定めていて……、本件改定後に正社員に支給されている職能給と通勤手当とは、別個の賃金であるといえるから、上記減額及び増額が同時にされたことやその変動額が対応していることをもって、直ちに職能給の一部が通勤手当に当たると認めることはできない。」としました。

　また「労働契約法20条は、労働条件の相違が不合理と評価されるか否かを問題とするものであり、その解消のために無期契約労働者の通勤手当が減額されたとしても、そのことが同条に違反すると解することもできない。」としています。

2 日本郵便（雇止め）事件

（1）事案の概要

> **Q**：日本郵便（雇止め）事件の事案の概要はどのようなものですか。
>
> **A**：時給制契約社員（有期雇用労働者）が、私傷病を理由に欠勤を続けたところ雇止めとなったことから、労契法19条の適用による契約更新を主張する中で、正社員に適用のある有給の病気休暇及び休職制度が時給制契約社員に適用されないことが、旧労契法20条に違反しないか争われた事件です。

【事案の概要】

　日本郵便（雇止め）事件・東京高裁判決は、郵便局を設置し郵便配達等の事業を行う株式会社である使用者において、契約期間6か月として採用された時給制契約社員（労働者）が、私傷病を理由に欠勤を続けたところ、平成27年9月30日の契約期間満了による雇止めとなったことから、労契法19条の適用による契約更新を主張して地位確認を請求した事件です。

　その主張の中で、時給制契約社員について、正社員に適用される有給の病気休暇及び休職制度の適用がないことが、旧労契法20条に違反しないかが争われました。

　なお、結論としては、労契法19条による契約更新は認められず、地位確認請求は棄却されました。その中で、上記の労働条件の相違についても旧労契法20条に違反するとは認められませんでした。

【就業規則の規定】

　同事件では、正社員について、90日間の有給の病気休暇及び勤続10年未満の者については90日間、それ以上の者については180日間私傷病により勤務しなかった場合に、3年以内で休職とされることが規定されていました。

　つまり、勤続期間が10年間未満の正社員であれば、私傷病により欠勤したとしても、90日間の有給休暇と合わせて、その後3年以内の期間を定めた休職制度の適用を受けることができるものでした。

　他方、時給制契約社員は、私傷病について、医師の証明等に基づき1年度において10日の範囲内で社員の請求する期間、無給の病気休暇が付与されることとされていましたが、それよりも長期の休職制度は設けられてはいませんでした。

【事件の特徴】

　同事件の特徴としては、雇止めに関連する事情ではありますが、更新前の6か月の契約期間全てを欠勤したという事情がありました。

　本件の労働者個別の私傷病の発症時期及び欠勤の状況等について、時系列にまとめると次のような事案でした。

- ・雇 入 れ：平成19年10月1日
  （ただし、平成18年12月頃から平成19年9月30日までは郵政公社における非常勤雇用の国家公務員として勤務）
- ・発　　症：平成25年12月ころ
- ・欠　　勤：平成25年12月9日から平成26年3月31日まで
- ・契約更新：平成26年4月1日
- ・欠　　勤：平成26年4月1日から同月14日まで
- ・勤務再開：平成26年4月15日から同年7月8日まで

- 欠　　勤：平成26年７月９日から同年８月31日まで
- 勤務再開：平成26年９月１日から同月30日まで
- 契約更新：平成26年10月１日
- 勤　　務：平成26年10月１日から平成27年３月31日まで
　　　　　　　（ただし、うち47日間、私傷病等で欠勤）
- 契約更新：平成27年４月１日
- 欠　　勤：平成27年４月１日から同年９月30日まで
- 雇止め　：平成27年９月30日

（2）病気休暇及び休職制度

> Q：日本郵便（雇止め）事件では、病気休暇及び休職制度の相違についてどのように判断されましたか。
>
> A：これらの制度が、長期にわたって就労を続けることによる貢献を期待したものであり、時給制契約社員に適用がなくとも、旧労契法20条に違反しないと判断しました。

裁判例：休職制度について旧労契法20条に違反しないと判断したもの

　日本郵便（雇止め）事件・東京高裁判決は、病気休暇について「労働者の健康保持のため、私傷病によって勤務することができない場合に療養に専念させるための制度であり、正社員の病気休暇に関し、これを有給のものとしている趣旨は、正社員として継続して就労をしてきたことに対する評価の観点、今後も長期にわたって就労を続けることによる貢献を期待し、有為な人材の確保、定着を図るという観点、正社員の生活保障を図るという観点によるものと解する」としました。

　また、休職制度についても同様に「有為な人材の確保、定着を図ると

いう観点から制度を設けているものであり、合理性を有するものと解される」としました。

そして、いずれについても、正社員との職務の内容等との相違から、これらが正社員に適用されることについて一定の合理的な理由があると認めるとともに、不合理であると評価することができるとまではいえないと判断しました。

【補足説明】

この事件の東京高裁判決の述べる病気休暇についての趣旨は、日本郵便（東京）事件・最高裁判決が、「正社員が長期にわたり継続して勤務することが期待されることから、その生活保障を図り、私傷病の療養に専念させることを通じて、その継続的な雇用を確保するという目的によるものと考えられる」と判断したことと異なるものです。

また、不合理と認められるかの判断についても、日本郵便（東京）事件・最高裁判決が「時給制契約社員についても、相応に継続的な勤務が見込まれるのであれば……有給の病気休暇を与えることとした趣旨は妥当するというべき」と判断した点で、その結論が異なります。

そのため、旧労契法20条の解釈適用に誤りがあるものと思われますので、最高裁により判断が変更されるべきとも思われます。

しかし、この事件では、旧労契法20条に違反することを理由として損害賠償請求を求めたものではなく、雇止めを争ったものです。そのため、旧労契法20条の判断に誤りがあったとしても、本件で求められた地位確認請求の結論に影響しない限りは、最高裁があえて判断することはありません。

筆者は、同事件について上告がされているという情報には接していませんが、本件では、労契法19条による更新は認め難いと思われます。

理由は、旧労契法20条により、病気休暇が有給でないことを不合理と

判断することはあっても、それが10日では不十分だという判断に至るかどうかは不明です。さらにそのように判断し得たとしても、一応は、期間の定めがある以上、休職制度の適用がないことを不合理とまで判断するには至らないと思われるからです。そうすると、1契約期間の全部を欠勤した労働者について、雇止めとした結論がくつがえることは難しいという結論に至るからです。

3 学校法人産業医科大学事件

（1）事案の概要

> **Q**：学校法人産業医科大学事件の事案の概要はどのようなものですか。
>
> **A**：勤続年数が30年以上の臨時職員（有期雇用労働者）の給与（基本給）及び賞与について、同時期に採用された正規職員（無期雇用労働者）のそれの半分程度しか支給されなかったことが、旧労契法20条に違反しないか争われた事件です。

【事案の概要】

　学校法人産業医科大学事件・福岡高裁判決は、産業医科大学及び産業医科大学病院を運営する学校法人である使用者において、昭和55年に短大を卒業し、任期を１年間とする臨時職員として採用された労働者が、雇止めとなることなく30年以上雇用される中で、給与（基本給）及び賞与について、正規職員との間の給与所得の格差が、旧労契法20条に違反すると主張して、損害賠償を請求した事件です。

　同事件の原審である福岡地裁判決は、労働者の職務の内容等を他の正規職員のそれと比較した上で、旧労契法20条に違反するとは認めませんでした。
　しかし、同事件・福岡高裁判決は、労働者の請求の一部について、勤続年数が同程度・同学歴の正規職員との相違について一定の部分を不合

理と判断し、平成25年4月1日以降、基本給について月3万円の割合による金額及びそれに対応する賞与の差額について損害と認めました。

（2）労働条件の相違の程度

> **Q**：学校法人産業医科大学事件の労働条件の相違はどの程度だったのでしょうか。
>
> **A**：正規職員の給与については俸給表で定められており、同程度の学歴で、同じ頃に採用された者について、平成25年時点で、基本給及び年間の所得額で、およそ2倍程度の相違がありました。

【労働条件の相違】

　学校法人産業医科大学事件における労働者（臨時職員）は、昭和55年4月からアルバイト職員として採用され、同年8月から臨時職員となりましたが、平成23年度から平成26年度までの給与所得の金額及び俸給月額は次のとおりでした。

年　　度	給与所得額	俸給月額
平成23年度	252万9906円	15万3050円
平成24年度	249万9855円	15万3050円
平成25年度	292万9306円	18万2100円
平成26年度	295万0037円	18万2100円

　労働者が労働条件を比較した正規職員のうち、採用当初に、労働者と類似した業務に携わった者の俸給は次のとおりでした。

（昭和54年7月1日一般職研究補助員として採用された者（大卒））

　　平成25年1月1日に一般職6級73号俸（月額42万円）

　　平成23年度の支給総額　　　553万2591円

　　平成24年度の支給総額　　　580万9632円

（昭和56年4月1日一般職研究補助員として採用された者（大卒））

　　平成25年1月1日に一般職4級67号俸（月額37万2300円）

　　平成23年度の支給総額　　　531万9318円

　　平成24年度の支給総額　　　523万9072円

　また、同事件・福岡高裁判決は、上記比較対照された正規職員が採用から6年ないし10年で主任として管理業務に携わることができる地位に昇格したことを踏まえ「被控訴人（注：使用者）においては、短大卒で正規職員として新規採用された場合の賃金モデルを平成24年度の俸給表をもとに作成すると、概ね採用から8年ないし9年で主任に昇格し、その時点での俸給は22万2000円（2級21号）となり、主任昇格前は約21万1600円（1級53号）となる。」として、労働者の俸給月額が、主任昇格前のそれよりも下回っていたことを認めています。

（3）事案の特殊性及び考慮された事情

Ｑ：学校法人産業医科大学事件の事案の特徴と考慮された事情にはどのようなものがありますか。

Ａ：本来は、4年間に限り臨時職員として雇用される予定であったところ、結果として30年以上もの長期にわたり雇用されたことが事案の特殊性であり、正規職員の職務の内容等との相違以外に、そのことが事情として考慮されました。

【考慮すべき事情】

　学校法人産業医科大学事件・福岡高裁判決は、労働者が雇止めとなることなく30年以上雇用されたことについて次のように述べて、考慮すべき事情にあたると判断しました。

　「被控訴人（注：使用者）においては、正規職員について定年制を採用するところ、被控訴人における臨時職員は、1月以上、1年以内と期間を限定して雇用されるもので、被控訴人が大学病院を開院した昭和54年から昭和57年までに新規採用され、被控訴人は、昭和55年から昭和62年まで、臨時職員向けの正規職員への登用試験を実施し、正規職員として採用された者もいたものである。」

　「そうすると、被控訴人の雇用する正規職員は、定年制であって、長期雇用や年功的処遇を前提とするもので、その賃金体系も、当該労働者を定年退職するまでの長期間雇用することを前提に定められたものであると解されるのに対し、臨時職員は、1月以上、1年以内と期間を限定して雇用する職員であって、被控訴人においては、大学病院開院当時の人員不足を一時的に補う目的で採用を開始したもので、間もなく採用を中止し、正規職員への登用試験を実施するなど、臨時職員については、長期間雇用することを採用当時は予定していなかったものと推認される。」

　「しかし、……実際には、控訴人（注：労働者）は、昭和55年8月に採用され、30年以上も臨時職員として雇用されている。」

　「そうすると、1か月ないし1年の短期という条件で、しかも大学病院開院当時の人員不足を補う目的のために4年間に限り臨時職員として採用された有期契約労働者が、30年以上もの長期にわたり雇い止めもなく雇用されるという、その採用当時に予定していなかった雇用状態が生じたという事情は、当該有期契約労働者と無期契約労働者との労働条件の相違が不合理と認められるものであるか否かの判断において、労働契約法20条にいう『その他の事情』として考慮されることとなる事情に当た

るというべきである。」

（4）判断（結論）

> Ｑ：学校法人産業医科大学事件は最終的にどのように判断しましたか。
>
> Ａ：同学歴の正規職員の主任昇格前の賃金水準を下回る３万円の限度において不合理と判断しました。

【判　断】

ア．職務の内容の相違

　学校法人産業医科大学事件・福岡高裁判決は、労働者が大学病院の歯科口腔外科において、教務職員（大学の各科に配置される事務職系職員）として、庶務業務、経理業務、教育関係業務等を行うものだったところ、それと類似する業務を行う正規職員について「主任として教務職員の業務を遂行した神経内科学の年間講義時間数は、少なくとも64時間であり、控訴人（注：労働者）の担当する歯科口腔外科の28時間の約２倍、経理業務の対象となる外部資金管理は約3200万円であって歯科口腔外科の約150万円の約20倍であり、当該業務に伴う業務の範囲や責任の程度には違いがあった。」としました。

イ．変更の範囲の相違

　変更の範囲については、臨時職員について異動・出向・業務内容の変更も予定されておらず、労働者についても歯科口腔外科に配置されその変更がなかったのに対し、正規職員は「大学病院だけでなく、大学本体、各種研究支援施設などの全ての部署に配属される可能性があるほか、出向を含む異動の可能性があり、大学の総務、財務、大学管

理、大学病院や各種研究支援施設の管理などの多様な業務を担当することが予定されている。」としています。

その上で、実際に、比較対照された正規職員について「平成17年4月1日に大学事務部学事課（産業保健学部第1生体情報学）主任から同課（医学部神経内科学）主任に異動になり、平成25年4月1日に大学事務部大学管理科主任（神経内科学）から病院事務部病院管理課主任に配置替えになっており、実際に配置転換を命じられていた。」と認めています。

また、正規職員は人事考課制度による等級・役職への格付けがあるものともされていました。

ウ．結　論

もっとも、同事件・福岡高裁判決は、これらだけでなく、労働者が30年以上もの長期にわたり雇止めされることなく雇用されたという事情を考慮して、「臨時職員と対照職員（注：労働者との労働条件の比較対照をされた正規職員）との比較対象期間及びその直近の職務の内容並びに職務の内容及び配置の各変更の範囲に違いがあり、控訴人（注：労働者）が大学病院内での同一の科での継続勤務を希望したといった事情を踏まえても、30年以上の長期にわたり雇用を続け、業務に対する習熟度を上げた控訴人に対し、臨時職員であるとして人事院勧告に従った賃金の引き上げのみであって、控訴人と学歴が同じ短大卒の正規職員が管理業務に携わるないし携わることができる地位である主任に昇格する前の賃金水準すら満たさず、現在では、同じ頃採用された正規職員との基本給の額に約2倍の格差が生じているという労働条件の相違は、同学歴の正規職員の主任昇格前の賃金水準を下回る3万円の限度において不合理であると評価することができるものであり、労働契約法20条にいう不合理と認められるものに当たると解するのが相当である。」としました。

なお、同事件・福岡高裁判決は、労働者が「正規職員の採用試験を
１度受験したものの、被控訴人において合格の取扱いはしておらず、
控訴人（注：労働者）は、受験に伴い学長秘書室での勤務の打診があっ
たが、歯科口腔外科での継続勤務を希望して、その後、受験すること
はなかった」という事情についても認定しています。このことは労働
者が職務の内容の変更を承諾せず、正規職員となり待遇改善がなされ
る機会を放棄したという意味で不合理との評価を障害する事情と捉え
ることができますが、上記のとおり、同事件・福岡高裁判決は、この
ことを重視してはいません。

　以上により、損害として、平成25年４月１日から平成27年７月30日
まで、正規職員であれば支給を受けることができた月額賃金の差額各
３万円及び賞与（６月30日支給分1.9か月分５万7000円。12月10日支
給分2.05か月分６万1500円）に相当する合計113万4000円が賠償され
るべきものと認められました。

給与	３万円×28か月（平成25年４月～平成27年７月）＝84万円
賞与	（６月支給分）５万7000円×３回
	（12月支給分）６万1500円×２回　　　　　＝29万4000円
	合計113万4000円

4 井関松山ファクトリー事件

（1）事案の概要

> **Q**：井関松山ファクトリー事件の事案の概要はどのようなものですか。
>
> **A**：無期雇用労働者に支給される物価手当及び賞与について、有期雇用労働者に対して物価手当の支給がなく、賞与については寸志としてその賞与よりも低い金額しか支給されなかったことが、旧労契法20条に違反しないか争われた事件です。

【事案の概要】

　井関松山ファクトリー事件・高松高裁判決は、農業機械、部品の組立、加工及び販売等を事業目的とする株式会社である使用者において、6か月の雇用期間で雇い入れられトラクター等の農業機械の製造に係るライン業務に従事する労働者が、物価手当及び賞与について、正規職員との労働条件の相違が、旧労契法20条に違反すると主張して、損害賠償を請求した事件です。

　同事件・高松高裁判決は、物価手当については、年齢に応じて増加する生活費の補助という性質から、これが職務の内容等の差異に結び付くものではなく、有期雇用労働者に支給しないことを不合理と認めました。

　他方、賞与については、多様な趣旨を含み得るものであるとして、長期雇用を前提に有為な人材の確保・定着を図るという人事政策上の目的

にも相応の合理性があるとし、加えて、有期雇用労働者に対して無期雇用労働者の賞与の約4分の1程度の寸志が支給されることや有期雇用労働者から無期雇用労働者への中途採用が行われることも考慮して、不合理なものとは判断しませんでした。

【事件の特徴】

　職務の内容については、有期雇用労働者と無期雇用労働者が、同一の製品を製造するラインにおいて業務を任され、各労働者の業務が異なっていることが多く、それらの間で、その相違は一応認められるものの、それほど大きなものとはいえないものでしたが、変更の範囲について、人材活用という点では一定の相違が認められたものでした。

　その点と関連してのことと思われますが、有期雇用労働者の中から毎年数名の無期雇用労働者が中途採用されており、それらの地位が流動的であることが考慮され判断されているのが本件の特徴ともいえます。

　また、賞与の規定から、その趣旨・目的について、労働者の業績や貢献に応じて支給されるものではなく、上記のとおり、使用者における無期雇用労働者としての有為人材確保目的を肯定して判断した点も特徴であるといえます。

　同事件の使用者は、グループ会社である株式会社井関松山製造所の敷地内に工場を有して上記事業を行っており、同社についても、有期雇用労働者に対する労働条件（賞与、家族手当、住宅手当及び精勤手当の支給）について無期雇用労働者との相違があるとして、旧労契法20条に違反しないかが問題とされています（井関松山製造所事件・高松高裁判決。後掲252頁以下）。

　なお、賞与については、井関松山ファクトリー事件と井関松山製造所事件のいずれにおいても、ほぼ同様の事実関係に基づく事情を考慮して、不合理でないと判断しています。

（2）物価手当

Q：井関松山ファクトリー事件で問題となった物価手当とはどのようなものですか。

A：その支給基準として、勤続年数にかかわらず年齢に応じた支給額が定められている月額の手当で、年齢に応じて増大する生活費を補助する趣旨を含む手当と認められたものです。

【判　断】

　井関松山ファクトリー事件における物価手当は、同事件・高松高裁判決及びその原審である松山地裁判決の判決文を読む限り、勤続年数にかかわらず、年齢に応じて支給額が定まるものと認められるものでした。

　そのため、同事件・高松高裁判決は「物価手当の支給の趣旨は、年齢に応じて増加する生活費の補助にあって、年齢に応じた支給基準により一定額が支給されるものとされており、職務の内容の差異等に基づくものとは解し難いこと、また、一審被告（注：使用者）には、賞与と異なり、物価手当の支給の有無及び支給額の多寡について格段の裁量もないことに照らすと、物価手当の支給条件の差違について、所論の人事政策上の配慮等の必要性を認めるに足りない」として、有期雇用労働者に対して支給しないことを不合理と認めました。

　また、使用者が年功序列型賃金の一内容であると主張したことについて、同事件・高松高裁判決は、原審である松山地裁判決を引用して「物価手当の支給額は、勤続年数にかかわらず年齢に応じて増額することに加え、被告（注：使用者）では新規採用により無期契約労働者が採用されることは基本的になく、中途採用が一般的であって、無期契約労働者として採用される年齢も一律とは認められない。このような物価手当の

支給条件及び採用実態を踏まえれば、同手当を年功序列型の賃金と認めることは困難である。」としています。

　なお、年齢40歳以上の無期雇用労働者に対して、物価手当として月額１万5000円以上の額が支給されていましたので、労働者らは、平成25年４月以降の月数に対し、月額１万5000円を乗じて計算した金額を損害として主張し、当該額の賠償請求が認められました。

（3）賞　与

①　趣旨・目的・性質

> **Q**：井関松山ファクトリー事件で問題となった賞与について、どのように判断されましたか。
>
> **A**：使用者における無期雇用労働者としての有為人材確保目的に相応の合理性が認められることは否定し得ないと判断しました。

【賞与の規定】

　井関松山ファクトリー事件・高松高裁判決では、原審である松山地裁判決を引用して、賞与について、就業規則に次のように規定されていたものと認められています。

　「夏季賞与は、前年11月16日より当年５月15日までを対象として７月末日までに支払い、冬季賞与は、５月16日より11月15日までを対象とし12月末日までに支払う。ただし、被告（注：使用者）の業績不良の場合はこの限りでない。賞与の支給は、支給日に在籍する無期契約労働者に行う。ただし、定年退職者は該当対象期間の在籍日数に応じて支給する。賞与の査定は、該当期間の業績評価、出勤日数によって行うが、出勤日

数が所定労働日の80％未満の者又は不正行為のあった者は賞与を支払わないことがある。」

　計算式は次のように規定されており、平均支給額は次のとおりでした。

支給額＝（基本給×支給率×出勤率）
　　　　＋一律額＋成績加算額＋扶養家族割額＋調整額
夏季賞与・冬季賞与の平均支給額
　平成25年度　各平均35万円
　平成26年度　各平均37万5000円

　各項目の支給額に占める割合は、上記各季を平均して次のとおりでした。

基本給×支給率×出勤率　　約60％
一律額　　　　　　　　　約11.7％
成績加算額　　　　　　　約26.3％
扶養家族割額　　　　　　約0.3％
調整額　　　　　　　　　約0.4％

【趣旨・目的・性質】
　同事件・高松高裁判決は、賞与の趣旨について「賞与は、月例賃金とは別に支給される一時金であって、労務の対価の後払い、功労報酬、生活費の補助、労働者の意欲向上等といった多様な趣旨を含み得るものであるところ、一審被告（注：使用者）における賞与も同様の趣旨を含むものと推認され、これを覆すに足りる証拠はない。」
　「そして、賞与は、就業規則や労働契約において支給の定めを置かない限り、当然に支給されるものではないから、賞与を支給するか否かは

使用者の経営及び人事施策上の裁量判断によるところ、このような賞与の性格を踏まえ、長期雇用を前提とする正社員（無期契約労働者）に対し賞与の支給を手厚くすることにより有為な人材の獲得・定着を図るという一審被告の主張する人事施策上の目的にも相応の合理性が認められることは否定し得ないというべきである。」としています。

　また、同事件・高松高裁判決は「①一審被告における正社員（無期契約労働者）に適用される賃金規程……を参照する限り、賞与の配分には一定の制約がある一方で（上記賃金規程35条ただし書は、賞与の支払について、一審被告の業績不良の場合には「この限りでない。」と定める。）、賞与の配分原資としてどの程度を充てるかについては一審被告に広範な裁量があることを前提としていること、②一審被告における平成25年、平成26年の各夏季、冬季の賞与支給実績からもうかがわれるとおり、賞与の支給に当たっては、当該労働者の基本給を基準としつつ、一律額及び成績加算額等を付加する扱いであって、平均賞与額が約35万円から約37万5000円の範囲で推移していること……からすると、賞与の額につき少なくとも正社員個人（無期契約労働者）の業績（一審被告の業績に対する貢献）を中心として支給するものとまではいい難く、労務の対価の後払いの性格や上記のような人事施策上の目的を踏まえた従業員の意欲向上策等の性格を有していることがうかがわれるものといえる。」としています。

【補足説明】

　なお、同事件・高松高裁判決は、上記【趣旨・目的・性質】で引用した「①一審被告における……ものといえる。」の箇所について「その他の事情」として考慮されるべきと述べていますが、最高裁判決の理解に照らせば、賞与の趣旨・目的・性質として整理されるべき事柄にあたるといえます。

そして、このような賞与の趣旨・目的・性質から、後述する事情に基づき、不合理と認められるかどうかが判断されるという整理となります。

② 考慮すべき事情

> **Q**：井関松山ファクトリー事件で、どのような事情が考慮されるべきものとされましたか。
>
> **A**：人材活用の範囲に相違があること、賞与に比して低額ですが一時金の支給があること及び無期雇用労働者への中途採用が行われていることが考慮されています。

【職務の内容の相違】

　同事件・高松高裁判決は、原審である松山地裁判決を引用して、トラクター等の農業機械の製造に係るライン業務において、製品ラインを稼働させるために常時発生する作業（定常業務）及び定常業務を円滑に遂行することを支えるための治具の製作及び調整、作業要領書及び明細書の維持管理並びに作業計画の策定等（管理業務）においては、無期雇用労働者と有期雇用労働者との業務の内容について相違があるとは認めませんでした。

　しかし、新機種に関する作業工程の新規策定や作業要領書、明細書等の作成等により、新機種を導入する際にラインで支障なく流すことができるかどうかを確認する業務（新機種関連業務）については、組長（「組」は課の下に置かれる組織単位の名称で、その長のこと）と無期雇用労働者だけが担当することから、この点で、業務の内容に相違があるとしています。

【変更の範囲の相違】

　同事件・高松高裁判決は、原審である松山地裁判決を引用して「被告

においては、無期契約労働者のみ組長の職制に就くことができ、有期契約労働者が職制に就くことはない。そして、被告において採用される無期契約労働者は、将来、組長に就任し部下を指揮する立場となる等して被告における重要な役割を担うことが期待されて、通信教育カリキュラムが用意され、職能資格の昇格時には特定の通信教育のカリキュラムを受講することが義務付けられるなど、一定の教育訓練と勤務経験を積みながら育成されるものと認められる。」

「有期契約労働者については、……通信教育カリキュラムは実施されておらず、中途採用制度によって有期契約労働者から無期契約労働者に採用される場合でも、2名の例外を除き、組長に就任する前に一定期間の無期契約労働者としての勤務経験を経ている。そのため、有期契約労働者全体について、将来、職制である組長に就任したり、組長を補佐する立場になったりする可能性がある者として育成されるべき立場にあるとはいえない。」として、変更の範囲に関して、人材活用の仕組みに基づく相違があると認めています。

【賞与としての寸志の支給】

同事件・高松高裁判決は、使用者において就業規則上賞与は支給しないと規定されているものの、原審である松山地裁判決を引用して「被告の運用では、有期契約労働者に対して、業績や評価に基づく一時金として寸志を支給しており、これが賞与と同様の性質を有することについては、当事者間に争いはない。」として、有期雇用労働者に対する10万円程度の一時金の支給があったことを考慮しています。

【中途採用による無期雇用労働者への変更】

同事件・高松高裁判決は、原審である松山地裁判決を引用して「被告（注：使用者）において就労している正社員には、被告において採用された無期契約労働者及び被告の親会社である井関農機株式会社からの出

向者が存在するが、ライン作業に従事している者は、組長（注:「組」は課の下に置かれる組織単位の名称で、その長のこと。）を除いて、被告において採用された無期契約労働者である。」

「被告において採用された無期契約労働者は、被告で有期契約労働者として採用され就労した後、無期契約労働者として採用（被告では「中途採用」と呼称している。）された者である。中途採用は毎年実施され、応募者にはペーパーテスト及び面接を実施し、毎年1、2名程度が採用されている。組長は、意欲があって職務遂行能力が高い有期契約労働者に対して中途採用への応募を勧める等している。」としています。

③　不合理と認められるかの判断

> Ⓠ：井関松山ファクトリー事件で、賞与についてどのように判断されましたか。
>
> Ⓐ：不合理であるとは認められませんでした。

【判　断】

井関松山ファクトリー事件・高松高裁判決は、職務の内容等に相違があるとした上で、「有期契約労働者についても、規程はないものの、相当額の賞与（上記の支給実績によれば、無期契約労働者の賞与の約4分の1程度の額）を支給することとしていること、一審被告の無期契約労働者は基本的に中途採用制度により採用されており、無期契約労働者と有期契約労働者の地位は常に固定しているものではなく、一定の流動性が認められるなど、有期契約労働者に対する人事政策上の配慮をしていることも認められることからすると、有期契約労働者に対しては、無期契約労働者と同額の賞与を支給するものとはしないとした一審被告の経営判断には相応の合理性を認めることができる。」として不合理であるとは認めませんでした。

【ガイドラインへの言及】

　また、同事件・高松高裁判決は、ガイドライン（平成30年厚生労働省告示430号）が、賞与の取扱いについて「賞与であって、会社の業績等への労働者の貢献に応じて支給するものについて、通常の労働者と同一の貢献である短時間・有期雇用労働者には、貢献に応じた部分につき、通常の労働者と同一の賞与を支給しなければならない。また、貢献に一定の相違がある場合においては、その相違に応じた賞与を支給しなければならない。」との指針を定めていることについて、本件の賞与の趣旨として有為な人材の獲得・定着を図るという人事施策上の目的を前提に「上記指針においても、無期契約労働者と有期契約労働者との間で、業務上の目標値の達成、不達成に係る不利益の有無などに応じて賞与の支給に差違を設けることは許されるものとされており……、本件においては、上記のとおり、無期契約労働者と有期契約労働者の職務の内容等には相応の差違があることや、賞与の支給が必ずしも当該労働者の業績、一審被告への貢献のみに着目したものとはいえないこと、その他、規程にはないものの、無期契約労働者の約4分の1程度の『賞与』の支給や有期契約労働者からの無期労働契約者への採用など有期契約労働者に対する人事上の施策等が採られていることなどに照らせば、前記改正法（注：改正後の短時間・有期雇用労働法8条）の施行前である現時点において、一審被告が有期労働契約者に対して無期契約労働者と同様の賞与を支給しないとの取扱いにつき、上記指針の定めを考慮しても、労働契約法20条に反するものとまではいえない。」と述べました。

【補足説明】

　筆者の接した情報によると、同事件は、最高裁に対して上告及び上告受理申立てがされたようですが、上告は棄却され、受理申立てはいずれも不受理となったようです。

　同事件・高松高裁判決は、有為人材確保という人事施策上の目的が考

慮されるべきことを「その他の事情」として考慮すると述べている点は、最高裁が、支給要件等により労働条件の趣旨・目的・性質を決定している点と考え方が異なるといえますが、そのような人事政策上の目的を肯定し、結論を導くにあたり考慮していることから、その点の判断を変更したとしても、不合理と認められるかどうかの結論を異にすることにはなりません。

　また、大阪医科薬科大学事件で考慮された正職員の配置の変更に起因する事情のような、使用者の人事政策上認められる大きな裁量により生じた事情はなく、賞与の支給がないことも不合理と認められそうではあります。しかし、そのような事情があるとはいえないとしても、人材活用について無期雇用労働者と有期雇用労働者とでは明確な相違があること、一時金として寸志を支給していること及び中途採用による無期雇用労働者への変更が行われているという事情が考慮されていることを理由に、同事件・高松高裁判決のとった結論について、あえて最高裁として結論を変更する必要があるほどの判断の誤りはないと判断したものと思われます。

5　井関松山製造所事件

（1）事案の概要

> **Q**：井関松山製造所事件の事案の概要はどのようなものですか。
>
> **A**：無期雇用労働者に支給される家族手当、精勤手当及び住宅手当並びに賞与について、有期雇用労働者に対して各手当の支給がなく、賞与については寸志としてその賞与よりも低い金額しか支給されなかったことが、旧労契法20条に違反しないか争われた事件です。

【事案の概要】

　井関松山製造所事件・高松高裁判決は、農業用機械の製造及び販売等を事業目的とする株式会社である使用者において、6か月の雇用期間で雇い入れられ農業機械のエンジン等の製造に係るライン業務に従事する労働者が、家族手当、精勤手当及び住宅手当並びに賞与について、正規職員との間の労働条件の相違が、旧労契法20条に違反すると主張して、損害賠償を請求した事件です。

　同事件・高松高裁判決は、家族手当、精勤手当及び住宅手当については、有期雇用労働者に支給しないことを不合理と認めました。

　他方、賞与については、多様な趣旨を含み得るものであるとして、長期雇用を前提に有為な人材の確保・定着を図るという人事政策上の目的

にも相応の合理性があるとし、加えて、有期雇用労働者に対して一律
５万円の寸志（無期雇用労働者の賞与の約７分の１程度）が支給される
ことや有期雇用労働者から無期雇用労働者への中途採用が行われること
も考慮して、不合理なものとは判断しませんでした。

【事件の特徴】

職務の内容については、有期雇用労働者と無期雇用労働者が、同一の
製品を製造するラインにおいて業務を任され、各労働者の業務が異なっ
ていることが多く、それらの間で、その相違は一応認められるものの、
それほど大きなものとはいえないものでしたが、変更の範囲について、
職制（課長等の役職）につくのは無期雇用労働者に限られ、そのための
教育訓練の実施等の人材活用という点では一定の相違が認められたもの
でした。

その点と関連してのことと思われますが、有期雇用労働者の中から毎
年数名の無期雇用労働者が中途採用されており、それらの地位が流動的
であることが考慮され判断されているのが本件の特徴ともいえます。実
際に、平成28年２月の時点で職制にある11名のうち９名が有期雇用労働
者から中途採用されたものであったことが認められています。

また、賞与の規定から、その趣旨・目的について、労働者の業績や貢
献に応じて支給されるものではなく、上記のとおり、使用者における無
期雇用労働者としての有為人材確保目的を肯定して判断した点も特徴で
あるといえます。

同事件の使用者には、グループ会社として農業用機械の製造販売等を
行う株式会社井関松山ファクトリーがあり、同社についても、有期雇用
労働者に対する労働条件（賞与及び物価手当の支給）について無期雇用
労働者との相違があるとして、旧労契法20条に違反しないかが問題とさ
れています（井関松山ファクトリー事件・高松高裁判決。前掲241頁以下）。

なお、賞与については、井関松山製造所事件と井関松山ファクトリー事件のいずれにおいても、ほぼ同様の事実関係に基づく事情を考慮して、不合理でないと判断しています。

（2）賞　与

> **Q**：井関松山製造所事件で問題となった賞与について、どのように判断されましたか。
>
> **A**：使用者における無期雇用労働者としての有為人材確保目的に相応の合理性が認められることは否定し得ないとして、各事情を考慮し、結論として、不合理とは認めませんでした。

①　趣旨・目的・性質

【賞与の趣旨】

　井関松山製造所事件・高松高裁判決では、賞与支給規定及び賞与支給基準を前提として「賞与は、月例賃金とは別に支給される一時金であって、労務の対価の後払い、功労報酬、生活費の補助、労働者の意欲向上等といった多様な趣旨を含み得るものであるところ、一審被告（注：使用者）における賞与も同様の趣旨を含むものと推認され、これを覆すに足りる証拠はない。」

　「賞与を支給するか否かは使用者の経営及び人事施策上の裁量判断によるところ、このような賞与の性格を踏まえ、長期雇用を前提とする正社員（無期契約労働者）に対し賞与の支給を手厚くすることにより有為な人材の獲得・定着を図るという一審被告の主張する人事施策上の目的にも相応の合理性が認められることは否定し得ないというべきである。」としています。

　また、「賞与の額につき少なくとも正社員個人（無期契約労働者）の

業績（一審被告の業績に対する貢献）を中心として支給するものとまで
はいい難く、労務の対価の後払いの性格や上記のような人事施策上の目
的を踏まえた従業員の意欲向上策等の性格を有していることがうかがわ
れるものといえる。」としています。

② 考慮すべき事情
【職務の内容の相違】

　同事件・高松高裁判決は、原審である松山地裁判決を引用して、トラ
クター等の農業機械の製造に係るライン業務において、製品ラインを稼
働させるために常時発生する作業（定常業務）においては、無期雇用労
働者と有期雇用労働者との業務の内容について相違があるとは認めませ
んでした。

　しかし、定常業務の円滑な遂行を支えるための作業要領書及び明細書
の維持管理作業計画の策定等の業務（管理業務）や、新機種に関する作
業工程の新規策定や作業要領書、明細書等の作成等の業務（新機種関連
業務）については、組長（「組」は課の下に置かれる組織単位の名称で、
その長のこと）と無期雇用労働者だけが担当することから、この点で、
業務の内容に相違があるとしています。

　また、「品質不具合の再発防止のための対応については、無期契約労
働者のみが、再発防止の継続実施及び改善対応を実施し、その責任を負
い、有期契約労働者はその責任を負わない。したがって、職制に就か
ず、原告（注：労働者）らと同一の製造ラインに配属された無期契約労
働者であっても、ミスの発生時及び発生後の対応の程度が異なっており、
無期契約労働者と有期契約労働者で業務に伴う責任の程度が一定程度相
違していると認められる。」として責任の程度が一定程度相違している
としています。

【変更の範囲の相違】

　同事件・高松高裁判決は、原審である松山地裁判決を引用して「無期契約労働者のみ組長以上の職制に就くことができ、有期契約労働者が職制に就くことはない。そして、被告（注：使用者）において採用される無期契約労働者は、将来、組長以上の職制に就任し部下を指揮する立場や組長を補佐する立場となる等して被告における重要な役割を担うことを期待されて、定期的な研修が実施されているほか、職能資格の昇格時には特定の通信教育のカリキュラムを受講することが義務付けられるなど、継続的な教育訓練と長期間の勤務経験を積みながら育成されるものと認められる。」「他方で、有期契約労働者については、……定期的な教育訓練は実施されておらず、有期契約労働者を中途採用制度により無期契約労働者とする場合であっても、職制に就任させるためには３年程度の無期契約労働者としての勤務経験を経ることが必要である。」として、無期雇用労働者を職制につけるなど、人材活用の仕組みに基づく相違があると認められるとしています。

【賞与としての寸志の支給】

　同事件・高松高裁判決は、原審である松山地裁判決を引用して、有期雇用労働者に対して、毎年７月及び12月の２回に、それぞれ一律５万円の寸志が支給されていることを考慮しています。

【中途採用による無期雇用労働者への変更】

　同事件・高松高裁判決は、原審である松山地裁判決を引用して、課長、組長等の職制にある無期雇用労働者のうちの11名について「11名のうち９名（課長を含む。）は、当初被告に有期契約労働者として雇用され、その後、無期契約労働者に中途採用されて以降、上記の各職制に昇任するに至った者である。」

　「中途採用者の場合、中途採用後無期契約労働者として３年以上の勤

務経験を経なければ組長に就任しない傾向にある。」として、無期契約労働者と有期契約労働者の地位が必ずしも固定的でないことが考慮されるべきとしています。

③　不合理と認められるかの判断

【判　断】

　井関松山製造所事件・高松高裁判決は、「無期契約労働者と有期契約労働者とでは、負うべき職務責任の範囲等も異なること、また、有期契約労働者についても一律に寸志を支給することとしており、更に組長以上の職制として昇進させる途を開いており、また、中途採用制度により、無期契約労働者と有期契約労働者との地位は常に固定しているものではなく、一定の流動性も認められることなど有期契約労働者に対する人事政策上の配慮をしていることも認められることからすると、有期契約労働者に対しては賞与ではなく、寸志の支給に代えるとした一審被告の経営判断には相応の合理性を認めることができる。」として不合理であるとは認めませんでした。

【ガイドラインへの言及】

　また、同事件・高松高裁判決は、ガイドライン（平成30年厚生労働省告示430号）が、賞与の取扱いについて指針を定めていることに関連して、本件の賞与の趣旨として有為な人材の獲得・定着を図るという人事施策上の目的を前提に「上記指針においても、無期契約労働者と有期契約労働者との間で、業務上の目標値の達成、不達成に係る不利益の有無などに応じて賞与の支給に差違を設けることは許されるものとされており……、本件においては、上記のとおり、無期契約労働者と有期契約労働者の職務の範囲等には相応の差違があることや、賞与の支給が必ずしも当該労働者の業績、一審被告への貢献のみに着目したものとはいえないこと、その他寸志の支給や役職者への昇進の可能性など有期契約労働者

に対する人事上の施策等が採られていることなどに照らせば、前記改正法の施行前である現時点において、一審被告が有期契約労働者に対して無期契約労働者と同様の賞与を支給しないとの取扱いにつき、上記指針の定めを考慮しても、労働契約法20条に反するものとまではいえない。」と述べました。

（３）精勤手当・家族手当・住宅手当についての高裁判決の判断

> **Q**：井関松山製造所事件・高松高裁判決は、精勤手当、家族手当及び住宅手当に関する使用者の主張についてどのように判断しましたか。
>
> **A**：いずれについても、職務の内容の差異等に基づくものとはいいがたく、人事政策上の考慮に基づくものとまでは認めがたいとして、使用者の主張した各手当の趣旨等について否定しました。

【控訴審での使用者が補充した主張】

　井関松山製造所事件・高松高裁判決で、精勤手当、家族手当及び住宅手当に関し、使用者が控訴審で行った主張は次のようなものでした。

ア．精勤手当

　「精勤手当は、皆勤を条件として支給される以上、皆勤精励の趣旨を含むことは当然である上、実際にも、精勤手当が支給される対象職種の『技能職』とは、本件で比較対象とされている無期契約労働者であるライン工が該当する職種であるところ、ライン工の業務の性質上、欠勤により工場全体の生産能力が低下することになるから、一定の出

勤レベルを確保する目的で皆勤を奨励し、業務に貢献させることに積極的な理由があるというべきである。」

「一審被告（注：使用者）においては無期契約労働者がより難易度の高い定常業務に配置されており、欠勤時における代替可能性が厳しいこと、また、定常業務においてミスが生じた場合における責任の程度の差違からも、皆勤を奨励する必要性は高い」として、この点が考慮されるべきと主張しました。

イ．家族手当

「家族手当の趣旨は、労働者の生活費補助にあるところ、この趣旨との関連で、長期雇用が見込まれる無期契約労働者に対して、家族構成の変化の可能性も見越して生活費が安定的に補助される仕組みを作ることは、企業の人事施策上相応の合理性を有する重要な考慮事情である」

「無期契約労働者と有期契約労働者との間では、職務の範囲並びに当該職務の内容及び配置の変更の範囲に相違を設けており、一審被告にとって有為な人材を確保したいとの施策を採っている」として、この点が考慮されるべきと主張しました。

ウ．住宅手当

「住宅手当の趣旨は、……住宅費用の負担の度合いに応じて対象者を類型化してそのものの費用負担を補助するところにあるが、有扶養者に対しては支給額を倍額とするとの制度設計を採用していることからも、住宅費用の補助及び家族構成に応じて増大する生活費の補助目的にあると解される。」としてこの点が考慮されるべきと主張しました。

【判　断】

　井関松山製造所事件・高松高裁判決は、原審である松山地裁判決の判断を変更することなく、使用者が控訴審で補充して行った主張について「一審被告において、精勤手当等を設けた趣旨は明らかではないものの、前記認定したこれらの手当の支給額及び支給実態等、殊に正社員（無期契約労働者）、有期契約労働者のいかんを問わず、勤務日数、扶養家族の有無及びその人数、賃貸住宅への居住の有無といった明確に定められた支給基準により一定額が支給されるものとされており、職務の内容の差異等に基づくものとは解し難いこと、また、一審被告には、賞与と異なり、精勤手当等の支給の有無及び支給額の多寡について格段の裁量もないことに照らすと、精勤手当等の支給条件の差違について、所論の人事政策上の配慮等の必要性を認めるに足りないというべきである。」

　「家族手当、住宅手当及び精勤手当について、その支給の定め等に照らして所論のような人事政策上の考慮に基づくものとまでは認め難いし、殊に精勤手当については、補正の上で引用する原判決が認定説示するとおり、月給日給者かつ当該月皆勤者のみに所定の額が支給され、月給者には支給されていないことからすると、月給者に比較して収入が不安定になりがちな月給日給者に対する配慮に出たことがうかがわれるのであって、少なくとも所論のようなライン工への配慮によるものとはにわかに認め難いし、また、精勤手当の支給につき、無期契約労働者がより難易度の高い定常業務に従事していることによる見返り等であることを認めるに足りる証拠もないことを指摘することができる。」として、使用者の主張をいずれも排斥しました。

【補足説明】

　筆者の接した情報によると、同事件は、最高裁に対して上告及び上告受理申立てがされたようですが、井関松山ファクトリー事件と同様、上告は棄却され、受理申立てはいずれも不受理となったようです。

（4）精勤手当・家族手当・住宅手当の規定等

> 🇶：井関松山製造所事件・高松高裁判決における精勤手当、家族
> 手当及び住宅手当は、どのように判断されましたか。
>
> 🇦：いずれも、不合理と認めました。

① 精勤手当

【規　定】

　井関松山製造所事件における精勤手当は、「月給日給者で、かつ、当該
月皆勤者に限り精勤手当を支給する。その支給額は、月額基本給に1／
68.11を乗じた金額（10円未満は切上げ）とする」と規定されていました。

【判　断】

　同事件・高裁判決は、原審である松山地裁判決を引用して「無期契約
労働者には、月給者（連続1か月未満の欠勤については、基本給の欠勤
控除を行わない者をいい、事務・技術職とされる。）と月給日給者（欠
勤1日につき、月額基本給の1／20.3の金額を欠勤控除する者をいい、
技能職とされる。）がいるところ、被告（注：使用者）は、月給日給者
かつ当該月皆勤者に限り精勤手当を支給しており、月給者には精勤手当
を支給していない……。そうすると、精勤手当の趣旨としては、少なく
とも、月給者に比べて月給日給者の方が欠勤日数の影響で基本給が変動
して収入が不安定であるため、かかる状態を軽減する趣旨が含まれると
認められる。他方で、被告が主張するように、無期契約労働者に対して
精勤に対する見返りを支給し、会社に対する貢献の増大を図るために精
勤手当が設定されたと認めるに足りる証拠はない。」

　「そして、有期契約労働者は、時給制であり、欠勤等の時間については、
1時間当たりの賃金額に欠勤等の合計時間数を乗じた額を差し引くもの

とされ……、欠勤日数の影響で基本給が変動し収入が不安定となる点は月給日給者と変わりはない。したがって、無期契約労働者の月給日給者には精勤手当を支給し、有期契約労働者には精勤手当を支給しないことは、不合理であると認められる。」と判断しました。

【筆者の見解】

　筆者の見解からすれば、皆勤することを要件として精勤手当を支給するのであれば、その趣旨は、ハマキョウレックス事件・最高裁判決が述べているように皆勤を奨励する点にあり、出勤者を確保する必要性は職務の内容等により異なるものではないということに尽きます。そうであれば、無期雇用労働者と有期雇用労働者との間で、その点の必要性が異ならず、精勤手当の趣旨は有期雇用労働者にも妥当することとなります。

　欠勤すればその分の給与が支払われず（控除され）、それとともに精勤手当が支給されない以上、井関松山製造所事件・高松高裁判決が述べる「欠勤日数の影響で基本給が変動して収入が不安定であるため、かかる状態を軽減する趣旨」は妥当しないと思われます。

　確かに、欠勤しても賃金控除されない無期雇用労働者が存在するため、その点を考慮して精勤手当の趣旨が認定されるべきとも思われますが、そのような無期雇用労働者には精勤手当の趣旨が妥当せず支給対象にもならないというだけで、それ以上に、旧労契法20条違反を検討するにあたって考慮すべき事情としての意味はありません。

　また、皆勤することにより精勤手当の支給が受けられるとともに、給与が欠勤控除されず収入が安定するという意味で、皆勤へのインセンティブになるという考え方が否定し得ないかもしれませんが、それはまさに皆勤を奨励する趣旨に他なりません。

　このような理解からすれば、井関松山製造所事件・高松高裁判決の判断は、結論として是認されるとしても、理由付けに誤りがあるといえます。

②　家族手当

【規　定】

井関松山製造所事件における家族手当は、「無期契約労働者に対しては、家族手当として、扶養家族の続柄に応じ手当が支給される……。その支給額は、平成26年4月1日施行の現賃金規程……の下では、配偶者1万円、配偶者でない扶養家族1人目6000円、2人目3000円、3人目以降2000円であり、平成26年4月改正前の賃金規程……の下では、配偶者1万円、その他の扶養家族は一律2000円であった。」とされています。

【判　断】

同事件・高裁判決は、原審である松山地裁判決を引用して「証拠……によれば、昭和14年にインフレを抑制するために発出された賃金臨時措置令を受けて賃金引上げが凍結されたが、物価上昇によって、扶養家族を有する労働者の生活が厳しさを増したことから、翌年、一定収入以下の労働者に対し扶養家族を対象とした手当の支給が許可されたことにより、多くの企業において家族手当が採用されたこと、その後、第2次大戦直後のインフレ期には、労働組合が生活保障の要素を重視する観点から家族手当の支給や引上げを要求し、企業もそれに応じ、高度経済成長期には、いわゆる日本的雇用システムが構築され、正規雇用者として長期に雇用される男性世帯主を中心に支給される家族手当が、従業員に対する処遇として定着したことが認められる。被告においても、家族手当は、生活補助的な性質を有しており、労働者の職務内容等とは無関係に、扶養家族の有無、属性及び人数に着目して支給されている……。」

「上記の歴史的経緯並びに被告における家族手当の性質及び支給条件からすれば、家族手当が無期契約労働者の職務内容等に対応して設定された手当と認めることは困難である。そして、配偶者及び扶養家族がいることにより生活費が増加することは有期契約労働者であっても変わりがないから、無期契約労働者に家族手当を支給するにもかかわらず、有

期契約労働者に家族手当を支給しないことは不合理である。」としました。

【筆者の見解】

筆者の見解からすれば、同事件・高松高裁判決は、家族手当について生活補助的な性質であり、職務の内容等とは無関係とした点は妥当といえます。

しかし、日本郵便（大阪）事件・最高裁判決が、扶養手当の支給目的について、生活保障や福利厚生を図り、扶養親族のある者の生活設計等を容易にさせることを通じて、その継続的な雇用を確保することと判断していることからすれば、単に、配偶者及び扶養家族がいるというだけでなく、相応に継続的な勤務が見込まれているという事情が考慮されなければならないように思われます。

もっとも、本件の原告である労働者は、いずれも平成19年7月に契約期間を6か月とする雇用契約を締結し、それを更新して平成30年9月1日に無期雇用に転換しているようです。そのため、結論として是認されることから、最高裁として判断を変更する必要がないと判断したものと思われます。

③ 住宅手当
【規定】

井関松山製造所事件における住宅手当は、「無期契約労働者に対しては、扶養者の有無及び住宅の別に応じて住宅手当が支給される……。具体的には、有扶養者かつ民営借家居住者には1万円、有扶養者かつ公営住宅居住者ないし持家居住者には7000円、無扶養者かつ民営借家居住者には5000円、無扶養者かつ公営住宅居住者ないし持家居住者には3500円が支給される。」

「有扶養者とは、①独立の生計を営む主たる生計者であること、②扶

養家族を有する者又は共稼ぎの世帯主であること、③扶養家族又は共稼ぎの配偶者と同居していること、④当人が賃貸契約の当事者であり、賃借料の支払事実が明確であること（ただし、持家居住者の場合は除く。）の各要件を満たすことを要する。無扶養者とは、①自ら住居を設営し、独立の生計を営む単身者であること（ただし、独身寮及び親元居住者は除く。）、②賃貸契約の場合は有扶養者の④の条件を満たすことを要する……。」

「民営借家とは、①都、道、府、県、市、町、村等公共団体において管理されている公営住宅、②住宅公団の管理する公団住宅、③その他財団法人住宅協会等の管理する住宅、④賃借料の一部を金銭以外の条件にて賃借契約を結んでいる場合、⑤親族、姻族等の住宅に同居し賃借関係のない場合、⑥持家又はこれに準ずるものを除くものとする……。」とされていました。

【判　断】

　同事件・高松高裁判決は、原審である松山地裁判決を引用して「被告は、無期契約労働者に対して一律に住宅手当を支給しているわけではなく、民営借家、公営住宅又は持家に居住する無期契約労働者に住宅手当を支給している。そして、民営借家居住者には公営住宅居住者及び持家居住者と比べて高額な手当を支給し、扶養者がいる場合にはより高額な手当を支給している。また、賃貸契約の場合、当人が賃貸契約の当事者であることを要件としている……。」

　「そうすると、被告の住宅手当は、住宅費用の負担の度合いに応じて対象者を類型化してその者の費用負担を補助する趣旨であると認められ、住宅手当が無期契約労働者の職務内容等に対応して設定された手当と認めることは困難であり、有期契約労働者であっても、住宅費用を負担する場合があることに変わりはない。したがって、無期契約労働者には住宅手当を支給し、有期契約労働者には住宅手当を支給しないことは、

不合理であると認められる。」と判断しました。

　なお、同事件では、部署を超えた異動の有無について無期雇用労働者と有期雇用労働者とで相違がありましたが、いずれも、使用者の工場で業務を遂行することが想定されており、勤務地の変更が伴う異動は想定されていませんでした。

【補足説明】

　同事件・高松高裁判決が、住宅手当について、住宅費用の負担の度合いに応じて対象者を類型化してその者の費用負担を補助する趣旨とし、職務の内容等とは無関係とした点は妥当といえます。

　また、ハマキョウレックス事件・最高裁判決が、同事件の住宅手当について、正社員が転勤により住宅費用の増加が見込まれることを理由に不合理と判断しなかったこととの対比からすれば、勤務地の変更が伴う異動が想定されていない上記事件・高松高裁判決が不合理と判断したことは結論としても妥当といえそうです。

【筆者の見解】

　もっとも、日本郵便（大阪）事件及び同（東京）事件の各高裁判決が、住宅手当について、住宅費用の補助以外に、有為な人材確保目的に言及していながら最高裁判決はその点を変更していません。そうすると、家族手当と同様、賃金の対価としての労務と関連が薄い手当については、使用者の人事政策上の目的という裁量が許容されるように思われます。

　そのため、継続的な雇用の確保という目的に照らし、相応に継続的な勤務が見込まれているという理由から、不合理と判断することも許容されるようにも思われます。

6 名古屋自動車学校事件

（1）事案の概要

> **Q**：名古屋自動車学校事件の事案の概要はどのようなものですか。
>
> **A**：定年退職後に再雇用された労働者について、基本給の額が退職前のそれの５割の額よりも下回ることなどが、旧労契法20条に違反しないか争われた事件です。

【事案の概要】

名古屋自動車学校事件・名古屋地裁判決は、自動車学校の経営等を目的とする株式会社である使用者において、満60歳の定年により退職したのち、継続雇用制度により再雇用され１年間の雇用期間で雇い入れられ、定年退職前と同様、教習指導員として業務に従事する労働者（嘱託職員）が、基本給、皆勤手当及び敢闘賞（精励手当）、家族手当並びに賞与について、正職員との労働条件の相違が、旧労契法20条に違反すると主張して、損害賠償等を請求した事件です。

同事件・名古屋地裁判決は、基本給について、正職員定年退職時のそれの60％を下回る限度で不合理と認めました。

皆勤手当及び精励手当についても所定労働時間を欠略なく出勤するなどの必要性は正職員と嘱託職員とで異ならないため不合理と認めました。

また、賞与についても、その算定にあたり基本給を正職員退職時のそ

れの60%として算定した結果を下回る限度で不合理と認めました。

　他方、家族手当については、長澤運輸事件・最高裁判決と同様の理由付けにより、不合理なものとは判断しませんでした。

【事件の特徴】
　職務の内容及び変更の範囲については、有期雇用労働者と無期雇用労働者で相違がないため、定年退職後の再雇用職員（嘱託職員）という立場に関連する事情が考慮されて判断がされるべき事案であることから、前提となる事実が長澤運輸事件のそれと類似する点が特徴といえます。
　また、基本給の相違が不合理と認められるかが争われ、退職時のそれの60%を下回る限度で不合理と判断した点もこの事件の特徴といえます。
　なお、長澤運輸事件においては、定年退職後再雇用の場合の労働条件を決めるにあたり、労使交渉を経るとともに、年金の受給開始時期などを考慮したという経緯があり、また、定年後再雇用時の年収が、退職時の年収の79%程度となるように想定されていたことなどが考慮されています。それに対し、上記事件・名古屋地裁判決では、十分な労使交渉等を経て再雇用時の労働条件の決定がされたという事情は認められておらず、そのことも考慮されています。

（2）基本給

> **Q**：名古屋自動車学校事件・名古屋地裁判決は、基本給の相違について、どのように判断しましたか。
>
> **A**：正職員定年退職時のそれの５割の額を下回り、若年正職員のそれよりも低額であることなどから、不合理と判断されました。

①　趣旨・目的・性質
【基本給の位置付け】

　名古屋自動車学校事件・名古屋地裁判決は、不合理と認められるかの判断にあたり、基本給について「基本給は、一般に労働契約に基づく労働の対償の中核であるとされているところ、現に、原告らの正職員定年退職時の毎月の賃金に基本給が占める割合は相応に大きく、これが賞与額にも大きく影響していたことからすれば、被告（注：使用者）においても、基本給をそのように位置付けているものと認められる。」としています。

②　考慮すべき事情（実体面）
【不合理との評価を基礎付ける事実】

　名古屋自動車学校事件・名古屋地裁判決は、「原告甲（注：労働者で原告の一人）の定年退職時の基本給は、月額18万1640円であり、嘱託職員時の基本給は、１年目が月額８万1738円で、その後低下し、最終年まで月額７万4677円であった。また、原告乙（注：労働者で原告のもう一人）の定年退職時の基本給は、月額16万7250円であり、嘱託職員時の基本給は、１年目が月額８万1700円で、その後低下し、最終年まで月額７万2700円であった。このように、原告らの嘱託職員時の基本給は、正職員定年退職時と比較して、原告甲について45％以下、原告乙について

48.8％以下となっている結果、若年正職員の基本給を下回っている。」

「また、原告らの定年退職時の月額賃金から残業手当を除いた金額は、いずれも約30万円強であり、賞与額も年間約50万円強にとどまっていたと認められる……から、原告らが被告から定年退職時に受給していた賃金は、一般に定年退職に近い時期であるといえる55歳ないし59歳の賃金センサス上の平均賃金を下回るものであり、むしろ、定年後再雇用の者の賃金が反映された60歳ないし64歳の賃金センサス上の平均賃金をやや上回るにとどまるものであった。」

「さらに、原告らが嘱託職員として勤務した期間の総支給額（役付手当、賞与及び嘱託職員一時金を除く。）をみると、原告甲は、嘱託職員として勤務を開始してから3年間の総支給額が正職員定年退職時の労働条件で就労した場合の56.1％、嘱託職員4年目から退職までの総支給額が正職員定年退職時の労働条件で就労した場合の56.4％にとどまり、原告乙は、嘱託職員として勤務を開始してから平成28年7月分までの総支給額が正職員定年退職時の労働条件で就労した場合の61.6％、同年8月分から平成30年6月分までの総支給額が正職員定年退職時の労働条件で就労した場合の59％、同年7月分から退職までの総支給額が正職員定年退職時の労働条件で就労した場合の63.2％にとどまった。このような差額は、総支給額に賞与（嘱託職員一時金）も含めると、さらに大きくなる……。」としています。

【不合理との評価を障害する事実】

　同事件・名古屋地裁判決は「原告らは、いずれも、正職員定年退職時に退職金の支払を受けたほか、60歳で嘱託職員となった年から雇用保険法による高年齢雇用継続基本給付金の支給を、61歳になった年から老齢厚生年金（報酬比例部分）の支給を受けていた。なお、高年齢雇用継続基本給付金は、被保険者であった期間が要件を満たす60歳以上65歳未満の労働者が60歳到達後も継続して雇用され、その賃金額が60歳到達時点

の賃金月額の75％未満である場合、その低下した比率に応じて支給されるが、対象月の賃金額が60歳到達時点の賃金月額の61％以下に低下した場合、実際に支払われた賃金額の15％の金額の給付金が支給されることとなる。」としています。

③　考慮すべき事情（手続面）

　同事件・名古屋地裁判決は、再雇用後の労働条件決定の手続きについて「被告（注：使用者）は、平成24年法律第78号により高年法が改正され、労使協定により継続雇用制度の対象となる高年齢者に係る基準を定める制度（改正前の9条2項）が廃止されたことを踏まえ、職員代表との間で再雇用制度に係る協定書を作成している。しかし、上記協定書は、飽くまで上記高年法の改正を踏まえ、再雇用までの手続、有期労働契約の更新の基準等について定めるものであり、嘱託職員の賃金に係る合意はされていない。その他、本件において、原告らが嘱託職員となる以前に、被告とその従業員との間で嘱託職員の賃金に係る労働条件について合意がされたとか、その交渉結果が制度に反映されたという事実は認められない。」

　「原告甲は、被告代表者に対し、平成27年2月24日、労働契約法20条に言及した上、正職員定年退職時に比べて嘱託職員としての賃金が大幅に減額になっていることから労働契約の内容を見直すよう求める書面を送付した。その後、原告甲は、被告代表者との間で、同年7月18日まで、書面により、原告甲が嘱託職員としての賃金等について要望や照会をし、被告代表者がこれに回答する形式のやり取りを行った。また、原告甲は、その所属する労働組合の分会長として、被告代表者に対し、平成28年5月9日、嘱託職員と正職員の賃金の相違について回答を求める書面を送付した。しかし、嘱託職員の労働条件について、正職員の労働条件との相違を踏まえた見直しが行われた事実は認められない。」ことを指摘しています。

④ 判 断

　以上のことから、同事件・名古屋地裁判決は「原告らの嘱託職員とし
ての基本給は、正職員定年退職時と比較して、50％以下に減額されてお
り、その結果、原告らに比べて職務上の経験に劣り、基本給に年功的性
格があることから将来の増額に備えて金額が抑制される傾向にある若年
正職員の基本給をも下回っている。また、そもそも、原告らの正職員定
年退職時の賃金は、同年代の賃金センサスを下回るものであったところ、
原告らの嘱託職員として勤務した期間の賃金額は、上記のような基本給
の減額を大きな要因として、正職員定年退職時の労働条件で就労した場
合の60％をやや上回るかそれ以下にとどまることとなっている。」

　「そして、このことは、原告らが嘱託職員となる前後を通じて、被告
とその従業員との間で、嘱託職員の賃金に係る労働条件一般について合
意がされたとか、その交渉結果が制度に反映されたという事情も見受け
られないから、労使自治が反映された結果であるともいえない。」として、
上記の【不合理との評価を基礎付ける事実】について、不合理と認めら
れるものの評価根拠事実にあたると判断しました。

　他方で、「基本給に係る正職員と嘱託職員の相違が不合理であるとの
評価を妨げる事実等について検討するに、正職員の基本給は、長期雇用
を前提とし、年功的性格を含むものであり、正職員が今後役職に就くこ
と、あるいはさらに高位の役職に就くことも想定して定められているも
のである一方、嘱託職員の基本給は、長期雇用を前提とせず、年功的性
格を含まないものであり、嘱託職員が今後役職に就くことも予定されて
いないことが指摘できる。また、嘱託職員は、正職員を60歳で定年となっ
た際に退職金の支払を受け、それ以降、要件を満たせば、高年齢雇用継
続基本給付金及び老齢厚生年金（比例報酬分）の支給を受けることが予
定され、現に、原告らはこれらを受給していたことも、基本給に係る相
違が不合理であるとの評価を妨げる事実であるといえる。」としました

が、「しかし、これら事実は、定年後再雇用の労働者の多くに当てはまる事情であり、……とりわけ原告らの職務内容及び変更範囲に変更がないにもかかわらず、原告らの嘱託職員時の基本給が、それ自体賃金センサス上の平均賃金に満たない正職員定年退職時の賃金の基本給を大きく下回ることや、その結果、若年正職員の基本給も下回ることを正当化するには足りないというほかない。」と判断しました。

　以上を踏まえ、「原告らは、被告を正職員として定年退職した後に嘱託職員として有期労働契約により再雇用された者であるが、正職員定年退職時と嘱託職員時でその職務内容及び変更範囲には相違がなく、原告らの正職員定年退職時の賃金は、賃金センサス上の平均賃金を下回る水準であった中で、原告らの嘱託職員時の基本給は、それが労働契約に基づく労働の対償の中核であるにもかかわらず、正職員定年退職時の基本給を大きく下回るものとされており、そのため、原告らに比べて職務上の経験に劣り、基本給に年功的性格があることから将来の増額に備えて金額が抑制される傾向にある若年正職員の基本給をも下回るばかりか、賃金の総額が正職員定年退職時の労働条件を適用した場合の60％をやや上回るかそれ以下にとどまる帰結をもたらしているものであって、このような帰結は、労使自治が反映された結果でもない以上、嘱託職員の基本給が年功的性格を含まないこと、原告らが退職金を受給しており、要件を満たせば高年齢雇用継続基本給付金及び老齢厚生年金（比例報酬分）の支給を受けることができたことといった事情を踏まえたとしても、労働者の生活保障の観点からも看過し難い水準に達しているというべきである。」

　「そうすると、原告らの正職員定年退職時と嘱託職員時の各基本給に係る金額という労働条件の相違は、労働者の生活保障という観点も踏まえ、嘱託職員時の基本給が正職員定年退職時の基本給の60％を下回る限度で、労働契約法20条にいう不合理と認められるものに当たると解する

のが相当である。」と判断しました。

（3）皆勤手当及び敢闘賞（精励手当）

> **Q**：名古屋自動車学校事件・名古屋地裁判決は、皆勤手当等の相違について、どのように判断しましたか。
>
> **A**：同手当の趣旨から、皆勤等を奨励する必要性が正職員と嘱託職員とで異ならないとして、不合理と認めました。

① 規定
【規定】

名古屋自動車学校事件では、皆勤手当及び敢闘賞（精励手当）について、次のように規定されていました。

（皆勤手当）
　正職員が所定内労働時間を欠略なく勤務した場合に支給する。
（敢闘賞）
　施設ごとに定めた基準に基づき、正職員が1か月に担当した技能教習等の時間数に応じ、職務精励の趣旨で支給する。

② 趣旨・判断
【趣旨及び判断】

名古屋自動車学校事件・名古屋地裁判決は「これら賃金項目の支給の趣旨は、所定労働時間を欠略なく出勤すること及び多くの指導業務に就くことを奨励することであって、その必要性は、正職員と嘱託職員で相違はないから、両者で待遇を異にするのは不合理である」との労働者の主張を相当と認めました。

(4) 家族手当

> **Q**：名古屋自動車学校事件・名古屋地裁判決は、家族手当の相違について、どのように判断しましたか。
>
> **A**：同手当について、不合理とは認めませんでした。

① 規 定

【規 定】

名古屋自動車学校事件では、家族手当について、次のように規定されていました。

> (家族手当)
>
> 正職員が、①所得税法上の控除対象配偶者、②満20歳未満で所得税法上の扶養親族に該当する子女を扶養家族とする場合、その人数に応じて支給する。

② 判 断

その上で、「被告(注：使用者)は、労務の提供を金銭的に評価した結果としてではなく、従業員に対する福利厚生及び生活保障の趣旨で家族手当を支給しているのであり、使用者がそのような賃金項目の要否や内容を検討するに当たっては、従業員の生活に関する諸事情を考慮することになると解される。そして、被告の正職員は、嘱託職員と異なり、幅広い世代の者が存在し得るところ、そのような正職員について家族を扶養するための生活費を補助することには相応の理由があるということができる。他方、嘱託職員は、正職員として勤続した後に定年退職した者であり、老齢厚生年金の支給を受けることにもなる。」

「これらの事情を総合考慮すると、正職員に対して家族手当を支給す

る一方、嘱託職員に対してこれを支給しないという労働条件の相違は、不合理であると評価することはできず、労働契約法20条にいう不合理と認められるものに当たるということはできない。」としました。

（5）賞　与

> Ｑ：名古屋自動車学校事件・名古屋地裁判決は、賞与の相違について、どのように判断しましたか。
>
> Ａ：同様の趣旨で嘱託職員一時金が支払われていましたが、不合理と認めました。

①　規　定

【規　定】

　名古屋自動車学校事件では、賞与について、次のように認められています。

（回　　数）毎年夏季及び年末の２回
（時　　期）夏季分は毎年７月末まで、年末分は毎年12月末まで
（算定方法）基本給　×　掛け率　＋　勤務評定分

　上の算定方法における「掛け率」は、各季で正職員一律に設定されるもので、平成25年から令和元年までの間では、概ね、1.3から1.6の間で設定されていました。

　「勤務評定分」は、各正職員について10段階で定められる金額です。

　他方、嘱託社員に対しては、算定方法は不明ですが、嘱託社員一時金が賞与の支給時期と同じ時期に支給されており、原告の１名は、４万2000円から10万8000円の間で推移し、原告のもう１名は、６万6200円か

ら10万7500円の間で推移していました。

② 判　断

　同事件・名古屋地裁判決は「原告らの嘱託職員時の基本給が正職員定年退職時の60％の金額……であるとして、正職員の賞与の算定方法を当てはめると、原告甲は約15万円から約17万4000円、原告乙は約13万9000円から約16万円にそれぞれ勤務評定分を加算した金額となり、原告らの嘱託職員一時金は、基本給に調整率を乗じた金額にも満たない。」ことを前提として、基本給の相違を不合理と判断した際にそれを基礎付ける事実が、賞与についてもそのような事実にあたるとしています。

　その上で、「他方、賞与は、月例賃金とは別に支給される一時金であり、労務の対価の後払、功労報償、生活費の補助、労働者の意欲向上等といった多様な趣旨を含み得るものであり、有期契約労働者と無期契約労働者の間で相違が生じていたとしても、これが労働契約法20条にいう不合理と認められるものに当たるか否かについては慎重な検討が求められる。……正職員は、長期雇用を前提としており、今後役職に就くこと、あるいはさらに高位の役職に就くことが想定されている一方、嘱託職員は、長期雇用が前提とされず、今後役職に就くことも予定されていないこと、嘱託職員は、正職員を60歳で定年となった際に退職金の支払を受け、それ以降、要件を満たせば、高年齢雇用継続基本給付金及び老齢厚生年金（比例報酬分）の支給を受けることが予定され、現に、原告らはこれらを受給していたことを指摘できる。」

　「しかし、これらの事実は、定年後再雇用の労働者の多くに当てはまる事情であり、賞与について労働契約法20条違反の有無について慎重な検討が求められることを踏まえても、……とりわけ原告らの職務内容及び変更範囲に変更がないにもかかわらず、嘱託職員一時金は正職員の賞与に比べ大きく減額されたものであり、その結果、若年正職員の賞与をも下回ること、しかも、賃金の総額も、賃金センサス上の平均賃金を下

回る正職員定年退職時の労働条件を適用した場合の60％をやや上回るかそれ以下にとどまることを正当化するには足りないというほかない。」

「以上のとおり、原告らは、被告を正職員として定年退職した後に嘱託職員として有期労働契約により再雇用された者であるが、正職員定年退職時と嘱託職員時でその職務内容及び変更範囲には相違がなかった一方、原告らの嘱託職員一時金は、正職員定年退職時の賞与を大幅に下回る結果、原告らに比べて職務上の経験に劣り、基本給に年功的性格があることから将来の増額に備えて金額が抑制される傾向にある若年正職員の賞与をも下回るばかりか、賃金の総額が正職員定年退職時の労働条件を適用した場合の60％をやや上回るかそれ以下にとどまる帰結をもたらしているものであって、このような帰結は、労使自治が反映された結果でもない以上、賞与が多様な趣旨を含みうるものであること、嘱託職員の賞与が年功的性格を含まないこと、原告らが退職金を受給しており、要件を満たせば高年齢雇用継続基本給付金及び老齢厚生年金（比例報酬分）の支給を受けることができたことといった事情を踏まえたとしても、労働者の生活保障という観点からも看過し難い水準に達しているというべきである。そうすると、原告らの正職員定年退職時の賞与と嘱託職員時の嘱託職員一時金に係る金額という労働条件の相違は、労働者の生活保障という観点も踏まえ、原告らの基本給を正職員定年退職時の60％の金額……であるとして、各季の正職員の賞与の調整率……を乗じた結果を下回る限度で、労働契約法20条にいう不合理と認められるものに当たると解するのが相当である。」と判断しました。

著者略歴

中野　公義 (なかの　きみよし)

昭和52（1977）年生まれ　福岡県出身。

【著者略歴】
1996年　福岡県立筑紫丘高等学校普通科卒業
2000年　東京工業大学理学部応用物理学科卒業
2001年　福井労働局福井労働基準監督署　労働基準監督官
2003年　同局武生労働基準監督署　労働基準監督官
2004年　厚生労働省労働基準局　労災補償部補償課通勤災害係
2006年　同省政策統括官（労働担当）労使関係担当参事官室4係
2008年　同省退職
2009年　平成21年度旧司法試験最終合格
2010年　第64期司法修習生
2011年　司法修習修了
2011年　弁護士登録（福岡県弁護士会　登録番号44216）
2011年　独立開業（なかのきみよし法律事務所）

【セミナー等講師歴】
2011年　福岡県社労士会　司法研修部会　研修
2012年　福岡県社労士会　福岡支部南支会　研修
2014年　熊本県社労士会　研修
2014年　福岡県弁護士会　労働法制研修会　研修
2015年　福井県社労士会　研修
2015年〜2019年　大野城市商工会　弁護士による講習会
2016年　熊本県社労士会　西支部　研修
2012年〜2016年　特定社労士実践塾　第1研修
2017年　社労士法人ジャスティス　企業向けセミナー
2017年〜2020年　無敵の社労士実践会　社労士向け研修
2018年　労働新聞社　購読者向けセミナー
2018年　社労士法人ジャスティス　企業向けセミナー
2019年　大分県労働基準協会　研修

〔同一労働同一賃金〕
裁判所の判断がスグわかる本　　令和 3 年 6 月 20 日　初版発行

 日本法令®

|検印省略|

〒 101-0032
東京都千代田区岩本町 1 丁目 2 番 19 号
https://www.horei.co.jp/

著　者　中　野　公　義
発行者　青　木　健　次
編集者　岩　倉　春　光
印刷所　丸　井　工　文　社
製本所　国　宝　社

（営　業）　TEL　03-6858-6967　　E メール　syuppan@horei.co.jp
（通　販）　TEL　03-6858-6966　　E メール　book.order@horei.co.jp
（編　集）　FAX　03-6858-6957　　E メール　tankoubon@horei.co.jp

（バーチャルショップ）　https://www.horei.co.jp/iec/
（お詫びと訂正）　https://www.horei.co.jp/book/owabi.shtml
（書籍の追加情報）　https://www.horei.co.jp/book/osirasebook.shtml

※万一、本書の内容に誤記等が判明した場合には、上記「お詫びと訂正」に最新情報を
掲載しております。ホームページに掲載されていない内容につきましては、FAX また
は E メールで編集までお問合せください。